JN093593

「振り回されない」女は人生をとことん楽しめる

有川真由美
Arikawa Mayumi

注　意

(1) 本書は著者が独自に調査した結果を出版したものです。

(2) 本書は内容について万全を期して作成いたしましたが、万一、ご不審な点や誤り、記載漏れなどお気付きの点がありましたら、出版元まで書面にてご連絡ください。

(3) 本書の内容に関して運用した結果の影響については、上記（2）項にかかわらず責任を負いかねます。あらかじめご了承ください。

(4) 本書の全部または一部について、出版元から文書による承諾を得ずに複製することは禁じられています。

(5) 商標

本書に記載されている会社名、商品名などは一般に各社の商標または登録商標です。

はじめに

振り回されるのは、相手が強いからでも、あなたが弱いからでもありません

身のまわりに、振り回してくる人がいると、心がヘトヘトに消耗するものです。

こちらの都合は無視して、あれこれ要求してくる人。人の気持ちを考えず、キツい言い方をする人。言っていることがコロコロ変わる人。何かと首を突っこんでよけいなお節介をする人。仲良くしているかと思えば急に冷たくなる人。いちいち否定したり反抗したりする人。自分の価値観を押しつけてくる人。すぐに感情的になって泣いたり怒ったりする人などなど。

もしかしたら、この本をとってくださったあなたは、そんな面倒な人たちにうんざりしている人ではないでしょうか。

相手のペースに巻きこまれると、イライラ、クヨクヨと心が疲弊するだけでなく、大事な時間も体力も奪われ、なかにはお金まで使ってしまうことにもなりかねません。できることなら、そんな面倒な相手とはおつき合いしたくないものですが、職場やご近所、家族のなかなど、私たちを振り回す人はどこにでもいるのです。

ひょっとすると、こちらが何も言わず、いい顔をしているために、相手をつけ上がらせて〝モンスター化〟させている可能性も考えられます。

私たち自身も「人に迷惑をかけないように」と心がけていても、ふとしたはずみで、だれかを振り回してしまう状態になることもあるのです。

この本は「どうして人に振り回されてしまうのか」、その理由を明らかにし、「どうすれば振り回されなくなるのか」、だれにでもできる簡単な方法をお伝えするために書きました。

振り回されてしまう人は「相手がワガママだから」「甘えているから」と相手のせいにしたり、逆に「私が弱いから」「力がないから」「敏感で気を遣う性格だから」と自分の弱さや性格のせいにしたりしがちですが、ほんとうの問題はそこではありません。

「むやみに反応する〝習慣《クセ》〟」の問題なのです。

〝習慣《クセ》〟とは、長年の経験によって「こんなときはこうする」と条件反射するように、脳と体全体にプログラミングされた行動のこと。

人の顔色をうかがってしまう。空気を読みすぎてしまう。相手のメッセージを深読みしてしまう。ちょっとしたひと言に深く傷つく。相手のために尽くしすぎる。断ることができないなど、相手に巻きこまれてしまうのは、そのまま反応する心の習慣があるからです。

なかには、振り回されていることに気づかず、まるで魔法にかかったように操られている人もいます。

反応すること自体が悪いわけではありません。私たちはつねに人の影響を受けながら生きているものですが、何でもかんでも反応していると、心をすり減らすことになるでしょう。

解決する方法はひとつ。

「〝相手〟に目を向けて反応するのではなく〝自分〟の心に目を向けて対応する習慣《クセ》」をもつことです。

といっても、難しいわけではありません。

振り回されているときは「なんであの人はああなのか」と自分の外側にばかり目が向いているもの。一瞬でも「自分は今、どんな気持ちなのか」「自分はどうありたいのか」と自分の内側に目を向ける習慣をもつだけでいいのです。

「振り回されやすい人」が、〝自分に目を向ける習慣〟を身につけたら最強です。

じつは私も、かつては人に振り回されてばかりいました。

今も相手の言動に心がざわつき、振り回されそうになることがありますが、すぐに反応するのではなく、自分の心と相談して「ちょっと待てよ。これ以上はしんどくなるので、やめておこう」とストップをかけたり「私は、ほんとうは別のことがしたいのだ」と自分の気持ちを確認したりする習慣があるので、面倒なことにはなりません。

売り言葉に買い言葉でついよけいなことを言いそうになるときは「相手にどうあってほしいか」ではなく、「自分はどうありたいか」を考えると、感情にまかせて相手を傷つける事態を防げます。

脳と体のプログラミングを書き換えるように、「自分の心に目を向ける習慣」を加えることで、いちいち振り回されることなく、毎日をご機嫌に過ごせるようになったのです。

私が言うのもなんですが、振り回されやすい人は、相手のためにがんばろうとする人でもあります。

そんなパワーや経験値を、相手のためだけでなく、自分のためにも使うことができたら、もっと賢くたくましい力になるのではないかと思うのです。

まさに孫子《そんし》の『兵法《へいほう》』にある「彼を知り己《おのれ》を知れば百戦殆《あやう》からず」の境地。相手のことを理解して、自分の気持ちや力量をわかったうえで対処すれば、どんなこともうまく乗り越えていける。人の立場にも、自分の立場にもなれる人は最強なのです。

この本では、相手に振り回されず、「戦わずして勝つ」という人間関係についてもお伝えしています。


あなたがこの本を読んで、賢く対応する習慣をひとつでも身につけたら、「これまで振り回されていたのは何だったのか」と思うほど心が穏やかになり、面倒だった相手にも「何だ。案外、いい人じゃないの」と愛のあるまなざしを向けられるようになるでしょう。

また、生きることが格段とラクになり、目の前のことに夢中になったり、喜びや楽しみを感じやすくなったりします。まるで子どもが遊びに夢中になるように。

自分の心の声が自然と聞こえてくるようになり、「私って、ほんとうはこうしたかったんだ」と、やりたいこと、好きなものが見えてきます。

つき合いたい人から着たい服、行きたい場所、過ごしたい時間など〝自分軸〟で選べるようになり、人生をとことん楽しめるのです。

私たち大人は、社会生活を送っているなかで、人や環境に合わせることを重視しすぎる習慣がついてしまったのかもしれません。

「自分らしく生きる」とは、何にも支配されず、自分の〝本音〟に正直であることなのだと思います。


人生の時間はかぎられているのですから、これ以上、人に振り回されるのはやめましょう。まわりに振り回されなくても生きていける、いえ、振り回されないほうがずっと生きやすくなるのです。

まずは、自分自身をいちばん幸せにしようではありませんか。

あなたの大切な時間を、ほんとうに大切なこと、大切な人のために使うために、この本がお役に立てれば幸いです。

有川真由美

「振り回されない」女は人生をとことん楽しめる　もくじ

第1章　なぜか他人に振り回されてしまう人の共通点

もくじ

第3章 振り回す相手に「戦わずして勝つ」戦略

第4章 自分の感情に振り回されない

第5章 自分軸があれば振り回されない

もくじ

第1章

なぜか他人に振り回されてしまう人の共通点

「自分がどうしたいか」より「他人がどう思うか」を優先していませんか？

——〝隣国〟よりも、まずは〝自国〟の幸せを考えましょう

あなたはこんなふうに人に振り回されてしまうことはありませんか？

「頼まれると、断ることができず、ひとりでたくさんの仕事を抱えこんでしまう」

「自分がつらく苦しい状況のときでも、人に迷惑をかけるのが嫌で、言い出せない」

「相手の機嫌が悪いと『私、何かした？』『嫌われた？』とクヨクヨ考える」

「あれこれ要望したり命令したりする相手に振り回されて、ヘトヘトに疲れる」

「デートのためにいろいろと準備しても、結局、ドタキャンされることがある」

そんな人は「自分がどうしたいか」よりも「相手がどう思うか」、つまり〝自分軸〟より〝相手軸〟で考えるクセがあるから、しんどくなってしまうのです。

私もそんなクセがありました。人の相談を親身になって聞き、何とか力になろうと奔走していると、現実は違っていて徒労に終わる。人の要求に「ハイハイ」と従って

いると、相手はだんだんワガママになって、できないと責められる……ということも。

振り回されるたびに、「私はこんなにやっているのに」という恨みがましい気持ちになり、「もうお人よしなことはやめよう」と心に誓うのですが、つい〝反応する習慣〟で、また同じようなパターンをくり返してしまうのです。

私が「安易に振り回されないよう」にしようと心底、思ったのは、振り回されることが、結局、「相手のため」にも「自分のため」にもならないと気づいたから。

たとえるなら〝隣国〟の言いなりになって、せっせと送金をしているようなもの。一時的に平和が保たれても、隣国の自立を妨げるだけでなく、〝自国〟の民たちが「いやいや、まずは私たちから守るべきでしょう！」「隣国なんて大嫌い！」と不満を爆発させ、暴動を起こしてもおかしくないのです。

自国のことをおろそかにしてまで隣国のために尽くすと、怒りや恨みなど悪感情がくすぶり、結局どちらも傷つけることになりかねません。

でも、どうして〝自国〟より〝隣国〟を優先してしまうのでしょうか。

そこには、心の奥に刷り込まれた、ある〝思いこみ〟があるからなのです。第1章では、振り回されてしまいがちな人のいくつかのパターンについて考えてみましょう。

「嫌われたくない」という〝恐れ〟から、相手に振り回されていませんか？

――「いい人」でないと嫌われる相手なら、つき合う必要はありません

振り回されがちな人は一見、優しくて「いい人」に見られるものです。

学校では先生の言うことを素直に聞き、職場では上司の命令や期待にまじめに応えようとするタイプ。たいていはニコニコしていて礼儀正しく、人を否定することも傷つけることもないので、つき合いやすいと思われるでしょう。

ところが、いつも「いい人」は、「都合のいい人」となってしまいがち。

どんな要求にも「NO」が言えず、〝イエスマン〟になっていると、ずる賢くて支配したがる人や、幼稚で甘えたがりの人など、振り回してくる人にとっては、まさに〝いいカモ〟。「自分がない人だ」と軽んじられて、言いたい放題、無茶な要求を押しつけられることもあるわけです。

思いやりがあって優しい「いい人」は、人を振り回しがちな人と、よくも悪くも相

性がバッチリで、無意識に引き寄せてしまうのです。

自分をおさえてまで「いい人」になろうとするのは、心の奥に「いい人でいないと見捨てられる」「嫌われる」という〝思いこみ〟があるから。「人に悪く思われていないか」を気にして、まわりから嫌われることを何より恐れているのです。

でも、実際は「いい人」でなくても見捨てられないし、そのままの自分でつき合っても嫌われることはありません。万が一、「いい人」でないと嫌われてしまうなら、つき合わなくてもいい相手なのです。

人は「NO」を言えない人を利用し、「NO」を言う人を信頼します。

「今日は、残業はできません」とハッキリ言ってくれる人は、嘘がないのでコミュニケーションもラク。「私は別の意見です」とざっくばらんに言ってくれる人は、自分の考えをもっているので何かと頼られたり、相談されたりするでしょう。

逆に考えると、「NO」を言える人もまた、相手を信頼している人と言えます。

「NOを言っても嫌われない」「いい人でなくても大丈夫」と相手への〝恐れ〟がないから振り回されることはなく、安心して相手の懐《ふところ》に入っていけるのです。

正直な人がもっともストレスがなく、もっとも愛されると覚えておいてください。

「ほんとうのところ、どうしたいの？」と、自分の〝本音〟を確認するだけでいい

――「私がしたいからする」と自分の意思で積極的に選べば、振り回されません

振り回される人は、「相手がどうしたいのか」「相手からどう思われるか」と〝相手軸〟で選ぶクセがあるため、「自分がどうしたいのか」「どうありたいのか」の〝自分軸〟が見えなくなっていることが多いものです。

たとえば、友人に飲み会に誘われて、疲れていても「せっかく誘ってくれたんだから」「断ると相手に悪いから」と気を遣ってOKしてしまう。飲み会が長引いて帰りたくても「場の空気を壊すといけないから」と言い出せない……なんてことがあるのではないでしょうか。

気が乗らないまま、〝相手軸〟のほうに合わせようとするから、思いと行動がバラバラで「振り回されている」という感覚になるのです。

そこで、ぜひとり入れてほしい習慣は、迷ったときやことあるごとに「ほんとうの

ところ、どうしたいの?」と自問して、自分の本音を聞き出すことです。

「ほんとうは疲れているから、家でゆっくりしたい」「飲み会に参加しても早めに帰りたい」など、素直な気持ちをちゃんと確認するだけでいいのです。

すると、自然に「今回は断ろう」「あらかじめ2時間だけと言っておこう」など、自分で対策を立てて、決めるようになりますから。

たとえ相手の依頼や誘いに応じても「私がそうしたいからするのだ」と自分で決めて納得しているなら、振り回されることにはなりません。

「人が求めていること」の〝他人軸〟と、「自分がしたいこと」の〝自分軸〟を確認できたら、折り合いをつけて、折衷案を見つけることもできるでしょう。

自分で決めず、納得していないから「なんで私が……」となるのです。

風通しがよく、疲れない人間関係をつくるには、〝他人軸〟と〝自分軸〟を分けて、「ほんとうのところ、どうしたいの?」と自分軸のほうに立つ必要があります。

すると、「人によく思われること」より「自分が満足・納得すること」が何より大事な〝価値基準〟であり、自分が積極的に選んでいることだからこそ、信頼関係がつくれたり人を幸せにできたりすると、リアルにわかってくるはずです。

「あの人がイライラしているのは私のせい」、罪悪感をもちやすい人は、振り回される

――自分を責めそうになったら「これって、全部、私のせい？」と考え直してみましょう

振り回されやすい人の多くが、口グセのように言っている言葉があります。それは「すみません！」「ごめんなさい！」

謝る必要のないところでも、すぐに謝るクセがあるのです。

ある女性がこんなことを言っていました。

「新しい仕事をすることになって全然うまくいかない。この前はミスをして上司にものすごく怒られちゃいました。迷惑をかけてばかりで、ずっと落ちこんでいます」

彼女がいつもオロオロして「申し訳ありません！」と謝っている姿が目に浮かぶようです。

しかし、そんなに自分を責めなくてもいいではありませんか。

責任感があるのはすばらしいことですが、「自分にすべて責任がある」というのは

大きな勘違い。新しい仕事で慣れないのも、ミスをするのも当然のこと。言ってしまえば、会社の任命、上司の教え方や確認にも責任の一端はあるのです。

また、ある女性は恋人に頼まれたモーニングコールを忘れていて、「遅刻したのは、オマエのせいだ」と散々責められたとか。それから、自分が休みの日でも、毎日6時にきっちり起きてモーニングコールをするように……。

なんというお人よしの振り回されっぷり。「ごめんね。私が悪い」と下手に出ると、依存心の強い人に責任転嫁されて、どっぷり寄りかかられてしまうわけです。

ゆっくり寝ていたい休日は、恋人に「自分で起きてね」と言ってもいいのです。

振り回されやすい人は、相手がイライラしているとき、困っているとき、がっかりしているときなど、すぐに「私のせい?」「どうしたらいいの?」と自分のこととして考えがちです。相手の不機嫌の責任まで、自分で背負ってしまうのです。

自分を責めてしまいそうになったら、ちょっと立ち止まって「これって、ほんとうに私のせい?」と考えてみてください。基本的に、相手の感情は相手の責任です。

ほとんどの場合、自分ひとりの責任ではないと気づくはず。それに、どれだけ他人から責められようとも、自分だけは自分の味方でいないと救われないでしょう?

「他人の課題」と「自分の課題」をハッキリ仕分けしましょう

――他人のことに責任を感じるのは、自分の影響力を過大評価している証拠です

人からの誘いや頼みごとを断るのも引き受けるのも自由。相手の問題なのに、「断るのは申し訳ない」と責任を感じて引き受けてしまうのは、アドラー心理学でいわれる〝課題の分離〟ができていないのです。

人間関係の悩みの多くが、「他人の課題」を「自分の課題」のように考えることによって起こります。ほんとうは相手が考えるべきことを、自分ごとのようにクヨクヨと悩んでしまうわけです。

「自分の課題」とは、自分自身でコントロールできることで、結果責任があること。「他人の課題」は、それ以外のコントロールできないことで、ほかの人に結果責任があることです。

だから、自分が丁重に断ったのにもかかわらず、相手が不快になったのなら、それ

は「相手の課題」。その人の悩みや問題解決、言葉や感情は、その人自身に責任があるのですから。

こちらができることといったら、今すぐクヨクヨするのをやめて、この時間を大事に過ごすこと。自分の感情は、自分に責任があるのです。

相手のことが心配なら、できる範囲で手伝うか、心遣いの言葉をかけるといいでしょう。ともかく、私たちは「できること」と「できないこと」に分けて「自分のできること」だけに集中するしかないのです。

また、心が振り回されるのも、「課題の分離」ができないからです。

「タメ口の後輩にイライラしてしまう」「子どもの成績が悪くて心配でたまらない」「会社が正当に評価してくれなくて腹が立つ」「張り合ってくる友人が嫌」など、他人の責任まで背負い込む人、他人にイライラする人は、「自分ががんばれば、解決できる」「相手を変えられる」と自分の影響力を過大評価しているともいえます。

「自分の力など、たかが知れている」「あの人がああなのはしょうがない」と受け入れたほうが、気がラク。他人のことをどうこうしようとせず、「自分ができること」だけに意識を向ける習慣をつけましょう。

「私さえ我慢すれば、丸くおさまる」犠牲的精神が強い人は振り回される

――ひとりの犠牲ではなく「たがいに」でなければ、対等な関係は築けません

自己主張が苦手でひかえめな人、我慢や忍耐を美徳としている人は、「私さえ我慢すれば丸くおさまる」という思考がクセになっていることがあります。「波風を立てたくない」「もめたくない」など穏やかにしたい気持ちもあるでしょう。

しかし、「私さえ我慢すれば」の〝自己犠牲〟はほんとうに危険。相手が理不尽なことを言ったり、無茶な要求をしたりしても我慢するクセがあるので、相手を甘えさせる傾向があります。ひどい場合は、いじめやパワハラ、セクハラさえも「私さえ我慢すれば」と言い出せない人がいるのです。

このタイプの恋愛は、いわゆるダメな男性と泣く泣くつき合うパターンに陥りがち。

「彼は言葉の暴力がひどいけど、彼を受けとめてあげられるのは私しかいないから」

「不倫関係で『いつか離婚する』と言われて5年。好きだから耐えて待つしかない」

というように、何かと理由をつけ、我慢してでもつき合おうとするのは、愛情ではなく〝共依存〟になっているのかもしれません。自己否定感や、見捨てられ不安などがあって感情的にのめりこんでしまい、たがいに自立できなくなっているのです。

ともかく、どんな人間関係であれ、「自分さえ我慢すれば」という歪《ゆが》んだ関係は長続きしません。心も体も壊れていくか、我慢が限界にきて「私はこんなに尽くしてきたのに！」と爆発して破綻《はたん》するかでしょう。

良好で対等な関係でありたいなら、「自己犠牲」ではなく「おたがいに」が大事。「それは嫌」「こうしてほしい」とコミュニケーションを怠らないことも大事です。

困っている人、弱くなっている人、がんばっている人のために、いくらか犠牲を払ってでも力になりたいと思うことはあるもの。ですが、相手の未熟さや甘えのために犠牲を払うのは、だれのためにもなりません。

「私はこんなにがんばっているのに」と不公平さを感じたら、すでに振り回されている証拠。沈黙をやめて、「それは嫌」「それはおかしい」とハッキリ伝えましょう。相手に直接言えないときは、だれかに相談してもいいでしょう。

自分の幸せは自分で守る責任があるのですから、沈黙してはいけないのです。

自分を大切にしなければ、あなたをぞんざいに扱う人が引き寄せられてきます

――自分の幸せを優先することが、結局、たがいの幸せのためになります

「私はいいの。あなたさえよければ」と、自己犠牲のクセのある人は、そもそも大きな勘違いをしています。

そんな人は心の奥に「自分が犠牲になることで、だれかが幸せになれる」という刷り込みがあるもの。ですが、それは思い上がりというものです。

無理をしてまで相手につき合ったり、自分が欲しいものを譲ったり、無理に従ったり……と、自己犠牲によって与えたことは、相手にとっては一時的な喜びにしかならず、長期的にみると相手のためにならないことがほとんどです。

相手を幸せにするのは、その人自身でしかないのです。あなたが相手に気を遣わなくても、相手は自分で幸せになることができるでしょう。

あなたが自分自身で自分のことを幸せにできるのと同じように。

たとえば、上司に、急に「今日は残業してくれる?」と言われて、内心「早く帰りたかったんだけど」と思っていても、ついつい笑顔で引き受けてしまう。すると、上司は一度受け入れてもらったことで、「この人はお願いしてもいい人」と判断して、どんどん無理なお願いをするようになります。

「急に言われてもダメですよ。早めに言ってください」とぴしゃりと断ると、上司も適当なことは言わなくなり、仕事や人間関係にもいい影響を及ぼすはずです。

そんなふうに自分の幸せを優先した選択をしていると、ワガママに振舞う人、依存しすぎる人など、変な人が近づいてこなくなります。

「自分を尊重できる人」は、「尊重してくれる人」を引き寄せます。同様に「自分を尊重できない人」は「尊重してくれない人」を引き寄せ、振り回されるのです。

迷ったときは自分の本音に耳を傾けてから判断しましょう。すると、どんな選択であれ、「よし、私は○○する」と主体的に決めたことになりますから。

自分の幸せを優先していると、犠牲的な気持ちはなくなり、自分から積極的に「相手の力になりたい」と人を喜ばせたくなってきます。

それこそが強い愛のエネルギーであり、自分や相手の幸せにつながっていくのです。

「どうせ私なんか……」〝劣等感〟＋〝孤独感〟のある人は振り回されやすい

――人間関係を「上・下」ではなく「横・横」で考えましょう

職場、同級生、ママ友、趣味のサークルなど女子が3人以上集まると、お局やボスママなどグループに君臨する、いわゆる「女子ボス」が生まれやすいものです。

女子ボスは、管理職やリーダーなど明確な立場があるわけではないのに、なぜか偉そうにあれこれ指示をしたり、上から目線でマウントをとったり。ひどい場合は、気にくわない人に対して悪口やいじめ、仲間外れなどで追いつめることもあります。

味方にすれば安心、敵にすれば恐ろしい女子ボスに、子分のように振り回される人が現れ、歪《いびつ》な上下関係ができていくわけです。

子分になりやすい人は「どうせ私なんかブスで魅力がないから」「私なんて能力がないから」「コミュ障で暗いから」など、何かしら強い劣等感があるのかもしれません。「そのままの自分ではつき合えない」と自己イメージを低い位置に置いているので、振り回したがる人にとっては好都合。「助けてあげるからね〜。仲間外れは嫌よね〜」とアメとムチを使ってあっさり支配してしまうのです。

劣等感に加えて、寂しがり屋で孤独が苦手な人は、さらに〝振り回され体質〟。頼まれたり誘われたりすると「自分はひとりじゃない」と安心できるので、つい進んで振り回されるようになり、女子ボスのご機嫌をとることも喜んでやります。

でも、無理をしてまでつき合っていると、しんどくなって破綻《はたん》するのがオチ。

ある女性は、ママ友グループとの豪華ランチやおしゃれ、エステなど最初は楽しかったものの、見栄の張り合いに疲れ、経済的にも限界がきて距離を置くことに。

「あのときはお金持ちできれいな人たちとつき合うことで、自分のレベルも上がったような気がしてた。でも、それは劣等感の裏返しだったのかもね」と言っていました。

女子グループ自体は楽しく、心強いものですが、「ちょっと無理があるな」と感じたら、少し距離をとるほうが身のため。自然体でつき合える関係を目指して。

劣等感のある人は、人間関係を「上・下」で考えるクセがあります。でも、ほとんどの場合、立場に上下関係はなく、「横・横」のフラットな関係なのです。

次項では、劣等感をなくして、人と対等につき合う方法をお伝えしていきます。

「人間関係」を見るのでなく「一対一の人間同士」としてつき合いましょう

——「敬意」「感謝」「助け合い」でフラットな関係が築けます

単純に、人間関係で自分のほうが「立場が下」「力が弱い」と感じると、振り回されやすくなります。たとえば、先輩の誘いは断りづらいし、姑《しゅうとめ》には言いたいことが言えないかもしれません。職場に〝女子ボス〟がいたり、〝派閥〟があったりすると、ひとりの無力さを感じて従ってしまうこともあるのではないでしょうか。

しかしながら、相手に萎縮して「振り回される」のは、ほんとうにストレス。相手のことも自分のことも嫌になってしまうはずです。

そうならないための方法のひとつは、上下関係や派閥、ヒエラルキーなど気づいていないフリをして、「一対一の人間同士」としてフラットにつき合うことです。

どんな相手であれ、「ひとりの人」として、リスペクトを示すこと、感謝をすること、助けたり助けられたりすること……この三つを心がけていれば、相手は「自分は認められている」と安心して、認め返してくれるのです。ずっと年上、年下、立場がまったく違う人であっても、意見が言いやすくなるかもしれません。

何でも比較するクセがあるから「劣っている」「足りない」「もっていない」と劣等感が大きくなるのです。「自分は底辺」などと自分を低い場所に置くのは、妄想のなせるワザ。実際はそんな基準などなく、単純に比較できるものではありません。

私は劣等感がどれだけ自分を傷つけるか実感してきたので、人と比べて落ちこみそうになったら、心で「人は人、自分は自分。自分にもできることがある」と言い続けてきました。自分の世界をもって、そこで何かに挑戦したり、楽しんだりすることで、自然に劣等感は薄らいできたように思います。

さらに、何かひとつでも得意なことを究めていくと、人の力になれる機会も増え、人とつながりやすくなります。まわりに認められるよりも、自分が好きになれる自分を目指したほうが、自信ができて人に振り回されなくなるでしょう。

狭い世界で何かと比較するよりも、「生きているだけで儲《もう》けもん」くらいの達観した視点で人生を見つめると、どんな自分にも価値があって、比較するなんてくだらないと思えてくるはずです。

「あの人がそう言ったから」素直で信じやすい人は、振り回されていることにも気づかない

――自分の頭で考えるクセをもたないかぎり、振り回されてばかりの人生です

素直で純粋、人を信じやすい人も、振り回されやすい傾向にあります。

「ダイエットには○○が有効だって、テレビで言ってたわ」とスーパーに買いに走り、「専門家が、○○保険がいいって言ってた」と保険をかけ直し、「占い師に今年は北の方角がいいって言われた」と旅行をする……というように、メディアの情報やだれかがすすめたことをそのまま実行してしまうのです。

「東大の教授が言ってたから」「医者が言うから」「経験者が言うから」「みんなが言うから」と疑うことをせず、別の情報を集めることもしません。本人は喜々として信じて動いているので、「振り回されている」とも感じていないでしょう。

しかし、世の中に怪しい情報、間違った情報はいくらでもあるのです。

信じやすい人は「損をした」とは思っていないでしょうが、実際は情報に振り回さ

れたことで時間やエネルギー、お金まで奪われています。

「それってほんとう?」と自分の頭で考えて、調べるクセをもたないかぎり、振り回されてばかりの人生になるはずです。

また、素直な人は、噂話、デマ、フェイクニュース、陰謀論なども信じて、怒ったり、不安がったり、混乱したり……と振り回される傾向があります。

人は、正しい情報よりも、信じたい情報を信じてしまうもの。「きっとこうなのだ」と刷り込まれた〝仮説〟に合う情報ばかりを集めて、反対意見やデータを無視する心理「確証バイアス」が働きます。「やっぱりほんとうなんだ」と歪んだ認知になることが多いのです。

たとえば「○○さん、あなたの悪口を言ってたよ」と言われると、「そういえば彼女、昨日も冷たかった」「私が目立ったから?」など、その方向の証拠ばかりを集めて「やっぱり」と激しく動揺するわけです。もしかしたら嘘の情報かもしれないのに。

確実なものでないかぎり、「ほんとうのところはわからない」と心の片隅で思っておいたほうが、むやみに振り回されず、時間やエネルギーを奪われずに済みます。

先入観をもたない、決めつけない心がけは、心を守ってくれるのです。

デマや詐欺を信じる人は、無知で愚かな人だけではありません

――「だれでもだまされることはある」と危険性を自覚するのが防衛の始まりです

「オレオレ詐欺に引っかかる人は、人を信じやすく、情報弱者の高齢者が多い」なんて思っていませんか？

たしかに、そんな詐欺があるとも知らない高齢者が「お金を振りこまないとたいへん！」と銀行の窓口に行って、銀行員に止められた……なんて聞くことがあります。

しかし、さほど高齢でもなく、オレオレ詐欺のことも認知している知人が「まさか私が引っかかるなんて……」と似たような詐欺にあっさりだまされてしまったのです。

銀行員と名乗る人から電話があり、月末までに口座のお金を移し替えるように指示されたのだとか。

知人は責任感が強い人で「やらないと銀行に迷惑がかかる！」「やらないと家族の財産がなくなってしまう！」と焦って実行したのです。

学歴の高い人、成功体験の大きい人ほど、間違うときは大きく間違う危険性があるといいます。デマや陰謀論、宗教なども、いったん信じてしまったら、「私が間違うわけはない」と自分の選択を過信して疑わないので、ストップがかからないのです。

「だまされるのなんて、ただのバカ」と他人事にするのではなく、「どんな人でも、警戒していても、ふとした拍子にだまされたり、間違ったりすることはある」と当事者意識、危機意識をもつことが最大の防御なのかもしれません。

昭和の時代、女子高校生が信用金庫に就職する友人にふと「〇〇信用金庫って大丈夫なの?」と言ったことがきっかけで「〇〇信用金庫が潰《つぶ》れる」というデマが町中に広まり、窓口に500人が殺到。数十億が引き出されたという出来事がありました。

最初は「まさか……」と疑っていても、みんながやっていると、つい同調してしまうもの。現代でもさまざまな〝同調圧力〟に知らず知らずに踊らされて、おかしな行動をとっているのかもしれません。

自分ひとりだけでは視野が狭くなり、だまされていること、流されていることには気づきにくくなります。日ごろから信頼できる人を何人か確保しておいて、気になることを話題にすること、意見を聞くことも、自分を守る一助となるでしょう。

繊細すぎる人は、人の言葉に傷つきやすく、振り回されやすい

――〝受けとり拒否〟と「ま、いっかー」で心をきれいにしておきましょう

どんな人も、他人の軽率なひと言に傷つくことがあるはずです。

まわりの人たちに「傷ついたひと言」を聞いてみると「お姉ちゃんに比べてあんたは……」「ハッキリ言って迷惑」「あなたにはわからないでしょうけど」「痩《や》せたらかわいいのに」「地味で目立たない人」「期待してたのに」「かわいそう」などなど。

ある女性は職場で、先輩に「あなたにできるわけがない」とダメな人扱いされたことにひどく傷つき、うつになって仕事も続けられなくなったとか。

言葉というのは、「どんなふうに受けとるか」で意味がちがってきます。「あなたにできるわけがない」と言われて、「だったら、教えて」と頼ってしまうか、「悔しいから見返してやろう」と発奮すれば、いい効果をもたらしたかもしれません。

私がかつて深く傷ついたのは、フリーターをしているころ、近所のおばちゃんに何

気なく言われた「あんたの人生、どこで間違っちゃったんだろうね」というひと言。当時は、自分の状況に満足できていなくて、気持ちの切り替え方もわからなかったので、「私、人生を間違えてるの?」と真に受けてしまったのです。

いまなら「へー。そんなふうに思うんだ」と一笑に付して終わりますけど。

相手が発する言葉は、相手に責任がありますが、それをどう受けとるかは自分の責任。嫌な気持ちになるようなら、〝受けとり拒否〟してしまってもいいのです。

自分が傷つきやすいと自覚している人は、他人の言葉に振り回されない習慣をつけましょう。悪気なく人を傷つける人はいくらでもいますから。

私は相手がイライラして言う言葉、嫉妬や悪意をこめて言う嫌味など、悪感情が混ざっている言葉は基本的に受けとり拒否します。なかには大事な指摘、必要な情報が入っていることもあるので、自分のためになる情報だけ切りとって受けとります。

あまりにもひどい場合は「今のはどういう意味ですか?」とその場で軽く言い返してもいいでしょうが、あとで「私のことが嫌いなの?」などとあれこれ〝妄想〟しても心を傷つけるだけ。「ま、いっかー」と頭から追い出すクセをつけましょう。自分の心を守るのは自分の責任。ただ自分は不用意な言葉で人を傷つけたくないものです。

敏感で空気を読みすぎる人は、他人のイライラが伝染して振り回されやすい

――機嫌の悪い人がいたら、なるべく近づかず、あえて鈍感になりましょう

いつもイライラ、ピリピリしている人が部屋に入ってきただけでストレスを感じる。その人が席を外すと、場の空気が和らぐ……という経験は、だれしもがあるのではないでしょうか。

これは、それまでのやりとりによって形成された条件反射でもありますが、相手の息づかいや話しかた、目つき、顔の表情、姿勢などその人から発せられる負のエネルギーが伝わってくるのです。

初対面でも、相手がリラックスして楽しそうにしていると、こちらまで明るい気分になり、相手が緊張していると、こちらまで緊張してくるはずです。

脳内には「ミラー（鏡）ニューロン」という神経細胞があり、脳のなかで相手の動作を自動的に真似て、自分の行動や感情、考え方に影響を及ぼすといいます。

とりわけポジティブなエネルギーよりも、不安、怒り、恐れ、焦りなどネガティブなエネルギーのほうがパワフルで感染力が高いのだとか。

敏感で空気を読みすぎる傾向のある人は、自分の感覚より、他人の感覚に意識が向いているので、相手の感情が乗り移ってものすごく疲れるはず。相手の機嫌に左右されて、振り回されることも多いでしょう。

職場や家庭のなかに機嫌の悪い人がいたら、なるべく近づかず、意識の感度を下げて。「心のバリアを張る」というイメージで動じず、自分のことに専念するのです。

くり返しますが、相手の感情は相手の責任なのですから、こちらが背負いこむことはありません。私はよく、心のなかで他人事のように「お気の毒さま」とつぶやきます。機嫌が悪いのは、まさに気が毒されているということ。こちらまで毒がまわって動揺したら、さらにほかの人に移して悪影響を与えることになりますから。

ただし、他人の感情に敏感なこと自体は悪いことではありません。人の不安に気づいて声をかけたり、つらさをわかってサポートしたりすることもできます。相手の痛みを感じたときは「ネガティブになっちゃだめ」と忠告するのではなく、「そりゃあつらいよね」と寄り添って癒やしてあげて。人を癒やすと自分も癒やされるのです。

第2章

「面倒なあの人」に
振り回されない

人間関係は、基本「自分一人の問題」です

――相手を〝モンスター〟にしない、つき合い方を見つけましょう

私たちのまわりには、マウントをとってくる同僚、要求の多い上司、自分の価値観を押しつける家族、怒りをぶつけてくる客など、何かと振り回してくる人が存在するもの。そんな人たちに頭を痛め、相手を変えよう、教育しようと奮闘している人もいるでしょう。

人間関係は、人と人の関係で、つき合う相手がいい人であれば人間関係もよく、面倒な相手なら人間関係も悪くなると思われるかもしれません。

しかし、私は、人間関係は基本、「自分一人の問題」だと考えています。

あたりまえすぎて、多くの人がわかっていないことですが、他人を変えることも、コントロールすることもできないのです。

ただ、どんな相手であれ、距離感や接し方、ものの言い方、相手への要望など工夫

することで、つき合うことはできるのです。もし、ほんとうに嫌でたまらなければ、ビジネスライクにつき合うか、逃げればいいだけの話です。

人間の性質は〝球〟のようなものとイメージしてみてください。

面倒な人は、その人全部が面倒なわけではありません。面倒な性質はほんの一面で、裏から見ると、それがプラスの性質であることもあります。

そして、こちらがどんな面を向けるかで、相手が向ける面も変わってくるのです。

たとえば、自分の仕事を押しつけてくる人に対して、断ることができず「あ、はい……」と気弱な返事をしていると、相手はどんどん頼んでくるようになります。

「自分の仕事で手いっぱいです。ごめんなさい！」ときっぱりと断ると、「あら、そう。しょうがないね」と自分の仕事は自分でするようになるのです。

つまり、こちらの接し方しだいで、相手はいい人にも、こちらを振り回す〝モンスター〟にも変貌するわけです。「相手の問題」ではなく、「自分の接し方の問題」と考えると、すべては手に負える問題になり、人間関係のストレスは劇的に減ります。

第2章では、「振り回してくる人」をタイプ別に分け、その接し方と自分の心の整え方について考えていきましょう。

振り回してくる人ファイル01

「ダメ出しばかりする人」

——相手のネガティブ発言に巻き込まれないよう、ポジティブ発言で返しましょう

「ダメ出し」とは、弱点や欠点、ミスなど、相手のダメな点を指摘することです。ほめることはしないのに、「間違っている」「できてない」「結果が出てない」と何かとダメ出しばかりしてくる上司、「その服、老けてみえるよ」「化粧、濃すぎない？」などキツい指摘をするお局など、まともに受けとると、腹が立ったり、おちこんだり、自信や意欲がなくなったりしてぐったり疲れます。

ダメ出ししてくる人の心理は、単純に注意や教育のつもりだったり、「言ってあげなければ」という使命感だったり、八つ当たりだったり、嫉妬や対抗意識だったり……といろいろあります。が、相手の気持ちを無視してくり返すようなら〝ダメ出し中毒〟になっている可能性があります。

ダメ出しは上から目線で優位に立てるので、言っていて〝快感〟があるもの。自分

が偉くなったようで、気持ちがいいのです。自分の大切な時間を、不毛な「ダメ出し」に振り回されるなんてもったいない。「この指摘はありがたい」という点だけとり入れて、あとは適当に「そうですか～？」と聞き流せばいいでしょう。

やってはいけないのは、相手と同じ土俵で「どこがダメなんですか？」などと反撃すること。相手は優位に立つことが目的なので「自分で考えろ」「そういうところがダメなんだ」と、さらにたたみかけてくるでしょう。

ぜひ試してほしいのは、相手のネガティブ発言に巻き込まれないよう、ポジティブ発言で返すこと。

「また間違っている」⇒「ここを修正すればいいですね」

「その服、老けてみえる」⇒「そうですか？ シブいってことですね」

など、自分の気持ちが落ちないよう、言葉をポジティブに変換していきましょう。

あまりにひどい場合は「ダメでない」と内容について、やり合うのではなく、ダメ出し自体について「自信がなくなります」「落ちこみました」など、自分の気持ちを伝えたほうがいいでしょう。こちらが相手をほめて立てることで、承認欲求を満たしてあげると、ダメ出しが和らぐこともあるので、これもお試しを。

振り回してくる人ファイル02

「言うことがコロコロ変わる人」

――「どうせまた話が変わる」と初めから割り切ってつき合いましょう

振り回してくる人の代表格とも言えるのが「言うことがコロコロ変わる人」。

そんな人が上司だと、神経をかき乱されるほど、ブルンブルンと振り回されます。

朝、指示した企画を進めていると、夕方、「やっぱ、やめた」なんて言い出す。「この一日の労働は何だったのか」と怒りと虚しさが襲ってきます。

言うことがコロコロ変わる人は、それが心と行動のクセなので「もう変えないでくださいね」などと頼んでも、治るものではありません。逆に考えると、頭の回転が速く、すぐに試したり実行したりする人でもあり、裏返せばプラスの影響もあるのです。

最初によく話し合って決めることも大事ですが、「どうせまた話が変わるだろう」と初めから割り切って、リスクを最小限に抑える防御策をとったほうが身のためです。

たとえば、「そんなこと言った?」とならないように、複数の人数で話を聞く。相手が言ったことはメモをとっておく。進行中で何度も「これでいいですね」と確認する。箇条書きにしてメールしておくなど。途中で指示が変わりそうなときは、仕事を進めすぎず、柔軟に対処できるようにしておくのも有効な策です。

あれこれ対策をとっていると、指示が変わっても「だと思った」「予想的中」「これくらいは想定内」と、そこまでイライラせず、おもしろがる余裕さえ生まれます。

話がコロコロ変わる人は、それが〝通常運転〟なので、まわりを振り回している自覚がない人もいます。ひどいときは「これから変更すると、あと6時間はかかっちゃいますよ」など、予定変更で生じる損失をチクリと教えてあげるといいでしょう。

言われたことをきちんとするタイプの人ほど、想定外のことや、予定を変えられることに〝振り回され感〟があります。自分がそんなタイプだと自覚したら、予定を決め込まず、余裕と柔軟性をもたせておいたほうが、ストレスが少ないはずです。

また、プライベートでも「カレと別れる⇒別れない⇒やっぱ別れる」、「転職する⇒留学する⇒起業する⇒やっぱ転職やめた」など、話がコロコロ変わる人がいます。

親身になって心配すると、イライラしたり疲れたりするので、変わることを前提に「そうきましたか。次はどんな展開かな」とおもしろがって聞いておきましょう。

振り回してくる人ファイル*03*

「怒りをぶつけてくる人」

――感情にのみ込まれて応戦すると、不毛な戦いが続きます

こちらはそれほど落ち度がないのに、「そこまで怒らなくてもいいじゃないか」というほど、怒りをぶつけてくる人はいるものです。

たとえば、気にくわないことがあるとすぐに怒る上司、苦情を言って怒る客、「なんで〜〜してくれないの？」と怒る家族や恋人……。ある友人は子どもの塾の講師から「しつけができていない！」と電話で30分以上、怒られたとか。

そんな怒っている人への対応は「話をしても仕方のない状態で対応しない」ということに尽きます。相手が怒っている状態では、まともな話し合いができませんから。

怒っている人は、「嫌なんです！」「不安なんです！」「聞いてほしいんです！」と、自分の感情に振り回されて困っている状態です。

真正面から対面するのではなく、天上からその状態を「あらら、お気の毒さまです」

と眺めるようなイメージで、巻き込まれないことが大事。

やってはいけないのは、感情的に訴えてくる相手にオロオロしたり、感情的に応戦したりすることです。「そっちだって」「お言葉を返すようですが」「怒らなくてもいいでしょ」と反撃すると、ヘトヘトになるまで不毛な戦いをすることになります。

感情に呑《の》まれず、努めて穏やかに「つまり、〜〜ということですね」「〜〜の点が問題なんですね」と、怒りの理由を言葉に変換してあげましょう。

瞬発的な怒りは長くは続きません。一時間、怒り続けることはできないでしょう。瞬間湯沸かし器のお湯が冷めるのを待つように、相手が落ち着いてきてからが、大人の話し合いです。相手が「まぁ、いいよ」と納得する決着を目指しましょう。

怒りという感情は、恋人や夫、親や子ども、上司、部下など、身近で甘えられる関係性ほど、出てきやすいものです。なかには、そのときだけの怒りでなく、ふだんのさまざまなストレスがたまって、沸点に達して、あふれ出すこともあります。

「また怒られるんじゃないか」と顔色をうかがいながら過ごしていると、つねに振り回されることになります。自然に声をかけ合って風通しのよいコミュニケーションをしていれば、怒りが爆発すること自体、減ってくるのではないでしょうか。

振り回してくる人ファイル04

「マウントをとってくる人」

――マウント女子とのつき合い方は「適当」でじゅうぶんです

「マウント」「マウンティング」とは、自分のほうが優位だとアピールする行為。わざわざ「自分のほうが上」と示したいのは、ほんとうは自信がないことの裏返し。人に認めてもらえないと安心できなくて、「すごいと思われたい」「ほめられたい」「ちゃんと扱ってほしい」といった承認欲求が暴走しているのです。

マウントをとる人は、会話のなかにさらりとお金持ち自慢や経歴、過去の栄光自慢などを盛り込んできたり、「私に言わせると、まだまだね」と上から目線の評価やアドバイスをしたり、「ハワイに行くの？　私も数え切れないくらい行ってるけど」と対抗したコメントをしたりします。

そんなマウント女子とのつき合い方は「適当」にかぎります。

相手はただ、自分の承認欲求を満たしたいだけなので、「そうなんだー」「それはよかったですね」と、聞き流しましょう。

マウント女子のターゲットになりやすいのは、素直でひかえめな人。「〇〇さんってすごいですね」と同調していると、相手を調子に乗せて子分のように扱われることもあります。また、嫉妬の対象となる人もターゲットになりやすく、うっかり「私だって……」と対抗意識を燃やすと、長期にわたって、プライドをかけたマウント合戦を繰り広げることになります。

マウントをとってくる人は、相手を大事にしているとはいえません。「ちゃんとつき合わなければ」と真剣に考える必要はなく、距離を置いてもいいのです。

基本、柳のように、ゆら〜り、ゆら〜りと聞き流しながら、できるだけ相手がマウントをとらない話題でつき合いましょう。マウント女子は、上だと示したいポイントがあり、それ以外のところでは、案外、対等につき合えるものです。

好きなタレント、ドラマ、食べもの、趣味など共通する話題で盛り上がりましょう。また、相手がマウントをとりたい話題でも「〇〇さん、ハワイが詳しかったら、教えてください」などと懐《ふところ》に入って頼ると、どちらも喜ぶ〝WIN－WIN〟の関係。

ともかく、こちらは「上下なんて、どうでもいいでしょ」という姿勢を貫いて。

振り回してくる人ファイル05

「ワガママで自分勝手な人」

――ワガママを許していると〝モンスター〟化してボロボロになるまで搾取されます

こちらの都合を考えず、ワガママな要求をしたり、自分勝手に振る舞ったりする人が身近にいると、ほんとうに振り回され、へとへとに疲れます。

たとえば「何でそんなに偉そうなの？」と思うほど、自分がいちばんでないと気が済まない王様、女王様タイプ。職場でも、人の迷惑を考えず、あれこれ命令したり、いちばんにいい思いをしようとしたりします。

また、恋人に対して、まるで甘えん坊のように「今すぐ家に来て」「コンビニでビール買ってきて」「もっと愛情を示して」などと振り回す人もいます。なかにはそんなワガママを「かわいい」と感じたり、要求に応えることに自分の存在価値を見出したりして、振り回されて喜んでいる人たちもいるのですが。

ワガママな人は、それが悪いことだという自覚はなく、むしろ、「ハッキリ自己主張する自分が好き」「人に甘えて愛される自分が好き」と肯定的にとらえています。

ちやほやされて育ってきたのか、反対に愛情不足だったからか、ワガママになった要因はさまざまですが、共通しているのは、「与えること」より「与えてもらうこと」ばかりを考えていることです。

甘い顔をしてワガママを許していると、〝モンスター〟化してボロボロになるまで搾取されるでしょう。そんな人は、こちらの要求にはあまり応えてくれないので「あんなにやってあげたのに！」と恨みがましい気持ちになるはずです。

あとで「やってあげた」と思うくらいなら、最初からやらないほうがいいのです。

ワガママな人に対しては「ここまではいいけど、これ以上はダメ」というラインをつくっておくといいでしょう。仕事であれば、納得して主体的にできる範囲を決め
恋人なら、共感や思いやりを示しつつも、自分の人生を大切にしていることも示していると、相手の幼稚でワガママな面はあまり出てこなくなります。与えたり与えられたりで信頼関係はできていくもの。求めるばかりのワガママな人とは信頼関係が築けないので、距離を置いてもいいのです。

振り回してくる人ファイル06

「人の意見を聞かない人」

――こちらの意見を通したいなら、戦うより味方にしましょう

頑固で人の意見を聞かず、自分を押し通そうとする人は、何でも一人で決めたり、勝手に行動したりするので、まわりは振り回されやすいものです。

意見を聞かない人は、ワンマン社長、頑固な職人、亭主関白の夫など、どちらかというと、男性に多く見受けられます。

女性は元来、仲良く助け合うために、仲間と話し合って決めるコミュニケーション文化、男性は目的達成のために、リーダーが決めてまわりが従うコミュニケーション文化があったからかもしれません。もちろん、女性のなかにも、そんな〝ワンマンタイプ〟はいますが。

「人の意見を聞かず、自分を押し通そうとする人」は前項のワガママで自分勝手な人と、まわりへの配慮が足りない点で似ていますが、ちがうのは、何かしらの目的や信

念があること。親分肌や姉御気質の面があり、プロ意識も高く、味方として力になってくれることもあるのです。

やってはいけないのは、こちらの意見を聞いてもらうために敵のように攻撃すること。相手はプライドが高いので、意地になって戦おうとします。反対に、オドオドして従ってばかりでは相手をつけ上がらせてしまうでしょう。

一見、亭主関白に見える夫と、長年良好な関係を築いている妻は、たいてい、裏で手綱を握っているものです。彼女たちに学ぶ夫の操作方法は、第一にリスペクトを示していること。喜んでサポートするが、ダメなことはダメときっぱり言うこと。自分は自分のやりたいことがあり、楽しんでいること、でしょうか。

どんな関係であれ、自分がない人は、まわりに振り回されやすいのです。

感謝や敬意を示し、「私はあなたを認めていますよ」という気持ちで接し、相手に味方だと思わせていると、こちらのためにもがんばってくれるようになります。

こちらの意見を通したいなら、戦うより味方にしたほうがずっとラクで成功率は高いはず。相手を敵として扱えば敵になり、味方として扱えば味方になることを覚えておいてください。

振り回してくる人ファイル07

「愚痴ばかり言っている人」

――不平不満は心の毒。同情や共感すると、巻きこまれることになります

愚痴を言っている人が身近にいると、ネガティブな影響を受けやすいもの。本人は「愚痴でも言わなきゃ、やってられない」とストレス解消をしているつもりでも、顔を合わせるたびに愚痴を言っていたり、延々と愚痴を聞かされたりしては、うんざりしてきます。愚痴を聞くのは、思った以上に心のダメージが大きいのです。

愚痴は、仏教で人を不幸にする心の〝三毒〟「貪《とん》（貪ること）瞋《じん》（怒りや憎しみ）痴《ち》（仏教の教えを知らないこと）」のひとつ。愚痴とは、字の通り、愚かで無知なこと。自分で問題解決や感情の整理ができないから、不平不満となって口に出してしまうのです。

といっても、ほとんどの人は、何かしら不満はあるので、身近な人が愚痴を言ってくると、「たいへんだねー」「わかるわかる」「私もそうだよー」と同情や共感で〝共鳴〟してしまう。「何とかしてあげたい」というやさしさもあるでしょう。

だから、自分にも〝毒〟がまわって、ぐったり疲れるのです。相手も「この人なら愚痴を聞いてくれる」と安心して、心おきなく吐き出すようになるでしょう。

「また愚痴が始まった」というときは、あえて薄めの反応を返すこと。「ふーん」「へー」「そうなんだ……」と、それ以上、話を展開せず、早めに切り上げたり、話題を変えたりすると、愚痴話につかまることも少なくなってきます。

やってはいけないのは、「もっとポジティブに考えたら?」「あなたも悪いよ」などと説教したり、相手を変えようとすること。相手がアドバイスを求めていれば別ですが、たいていの場合、「自分に問題がある」という自覚がないので、「私が悪いの?」「あなた、だれの味方?」と反撃の矛先がこちらに向かってきます。

私たちができるのは、自分自身に毒が回らないように気をつけることです。

人びとの愚痴や悩みを聞く機会の多い、あるお坊さんは、誠実に聞いているようで、頭では「この人の煩悩《ぼんのう》の本質はどこにあるのか? 寂しさ、劣等感、怒りなど別な問題が隠されているかもしれない」などと観察するようにしているのだとか。

心の毒に巻きこまれないためには、同じ立ち位置にいないことが大事なのです。

愚痴を聞くときは、僧侶になったイメージで対応するのもいいかもしれません。

振り回してくる人ファイル08

「悪口を言うのが好きな人」

――悪口につき合うこと自体、膨大な時間とエネルギーを支配されていることになります

悪口を言い合うのは、ちょっとばかり〝快感〟があり、中毒化しやすいのです。

かつて、上司やそこにいない人の悪口を、同僚とコソコソ言い合い、それでは飽き足らず、会社帰りの居酒屋で言っていたこともありました。

嫌な相手のことを悪く言うのは、一瞬、解放されたようでスッキリ。共感してくれる人がいるとうれしく、共通の敵をつくることで仲間意識が生まれます。「言ってもいい」と認識すると、だんだん罪悪感がマヒして〝悪口中毒〟になっていくわけです。

SNSやネットニュースで、人を叩くのが中毒のようになっている人がいるのも、日ごろのストレス解消だけではなく、「私だけではない」という安心感を得て、堂々と罵《ののし》ることができるからでしょう。

あまりにもつらいときは、それを吐き出すことで救われますが、悪口を言うことも、

悪口につき合うことも、それ自体が悪口の対象者に膨大な時間とエネルギーを支配されていることになるのです。その時間、相手は、何も考えず、何の傷も負わず、楽しく笑って過ごしているかもしれないというのに。

しかも、一緒になって悪口を言っていると、〝因果応報〟で、新たなトラブルの種をまいているようなもの。最終的には何らかの形ではね返ってくるでしょう。まわりから信頼されなくなり、人としての評価が下がっても仕方ありません。

まわりで悪口好きの人がいたら、あまり関わらず、言われても「そう?」と、とぼけてスルーするのが身のため。「そうだよね」では同意したことになり、「あの人も悪口を言っていた」と当人に伝わる可能性もありますから。

口は禍《わざわい》の元。悪口ごときで、自分の時間や心をすり減らす必要はないでしょう。

自分も悪口を言いたくなったら、「あの人もいいところはある」「あの人がいることで助かっていることもある」と、プラスの側面や感謝する点を考えてみましょう。

嫌な点があったからといって、その人全部を否定できるものではありません。

ほんとうの敵は、悪口の対象者でも、悪口を言ってくる人でもなく、人を嫌いになる自分の気持ちだとわかったら、わだかまりもなくなっていくはずです。

振り回してくる人ファイル09

「文句ばかり言ってくる人」

——「ですから……」とこちらの言いぶんを主張しても、ヒートアップさせるだけです

愚痴や悪口と違って、「文句ばかり言う人」は直接、訴えてくるため、キツさが大きいかもしれません。

仕事内容や職場環境に文句を言ってくる部下や後輩、弱い者いじめのようにイチャモンをつけてくる取引先、ゴミの出し方や車の停め方で難癖《なんくせ》をつけるご近所さん……、会社のコールセンターに電話してくるクレーマー、学校に何かと苦情を言ってくるモンスターペアレントも、同じ匂いのする方々でしょう。

文句ばかり言う人の性質は満たされていない、認めてほしい、正義感が強い、優位に立ちたいなど、いろいろありますが、共通するのは〝被害者意識〟が強いこと。

「お金を払っているのに損した！」「普通は〜〜なのに、〜〜してもらっていない」「自分は正しいのに被害を受けた」など、必ずしも大きな損害を被っているわけではない

のに、責任を一方的に押しつけて、ひどいことをされたと思い込んでいるのです。

自分が正しいと思いこんでいる人に「あなたも悪いでしょ」「それはおかしいでしょ」は通用しません。「ですから……」とこちらの言いぶんを主張しても、臨戦態勢になっている相手をヒートアップさせるだけです。

まず、相手の文句を「理不尽な文句」と「正当な文句」に区別する必要があります。「正当な文句」であれば、むしろ歓迎して前向きに解決しなければなりません。

多いのは、「こちらに少しは非があるが、そこまで攻撃しなくてもいいじゃないか」というほど「理不尽な文句」を言ってくる場合です。

そんな方々にかける第一声は、「申し訳ありません」という謝罪の言葉。少しであってもこちらに非があるのなら。そして「大丈夫でしたか？」「たいへんでしたね」「ご迷惑をかけちゃいましたね」と相手の気持ちに寄り添う〝労《ねぎら》い〟のひと言を。

相手がいくらか安心したところで、こちらができること、できないことを説明すれば、トラブルを最小限に抑えることができます。味方だと思わせて、相手の心をつかめば「あなたが悪いわけじゃないんだけど」「言いすぎましたね」となることも。

相手の挑発に乗っては損をするだけなので、大人の対応を心がけて。

振り回してくる人ファイル10

「よけいなお世話をしてくる人」

――相手が〝勝手〟にやっていることに対して、こちらが受けとるかどうかは自由です

「よかれと思って」「あなたのために」と言いつつ、よけいなお世話をしてくる人はいるものです。簡単なことでいえば、勝手に人の仕事をやり散らかす同僚、自分の不要な物を押しつける友人など。悪気がないのが困ったところで、こちらはどう反応していいか悩みます。

しかし、そんなときは、さらりと自分の都合を「この仕事は自分でやるので大丈夫」「これだけもらうね。あとはいらない」と言えばいいのです。

「よけいなお世話」か「親切」かの違いは、それを受けとる側が喜んでいるかどうか。求めているわけではないのに、相手が〝勝手〟にやっていることなので、受けとるかどうかは、こちらの自由なのです。

心やさしき人は、「断っては申し訳ない」とつい曖昧《あいまい》にスルーしてしまいますが、

相手は「喜んでくれている！」と勘違いして、よけいなお世話を続けるでしょう。

ある女性は、姑が趣味の合わないインテリアから子ども服まで買ってきて「もういりません」と断っても、「遠慮しなくてもいいから」と聞く耳をもたないとか。

それは〝相手のため〟ではなく、〝自分のため〟の親切になっているのかもしれません。

ありがた迷惑な人は、親切に見えて、じつは無意識のなかに「相手を思い通りにコントロールしたい」「仲間にとりいれたい」「頼りになる人だと思われたい」など、支配欲求が潜んでいることが多いのです。

ほんとうに親切で思いやりのある人は、「相手が喜んでくれるか」「好みは合っているか」と相手の立場から考え、心配なときは相手に聞いてから実行するので、押しつけにはならないのです。

ありがた迷惑なときは、その気持ちにはお礼を言いつつ、早い段階で、言い方はやんわり、その行為に対しては、ハッキリと断るようにしましょう。

それでも理解できない相手には、こちらから「〇〇が欲しいです」「〇〇を手伝ってもらえますか」と別のリクエストをするのも手。心を開いて言いたいことを言える関係になったほうが、たがいに気がラクなはずです。

振り回してくる人ファイル11

「自分の価値観を押しつけてくる人」

――価値観を押しつける人は、自分至上主義で多様な意見を認めようとしません

仕事や生活、健康、結婚、恋愛などに首をつっこんで「あなたも〜〜したほうがいい」「〜〜するべきでしょう」「あなたの考えは間違ってる」というように、意見を述べるだけでなく、自分の価値観をまわりにも押しつけようとする人がいます。

そんな人たちに、うっかりつかまると、生き方を否定されたり、諭《さと》されたり。彼らは「自分がいちばん正しい」と思っているので、異なる意見を言うと、敵とみなして猛反撃。自分を全否定されたと感じてしまうのです。

たとえば「仕事はこうあるべきだ」「家族はこうあるのが理想」などといった価値観を押しつける人は、自分至上主義で多様な価値観を認めようとしません。

そんな人の心の奥には「人を従わせたい」という支配欲が潜んでいます。よけいなお世話と同じで、悪気がないだけに「あなたのために言っている」と暴走して、まわ

りを振り回すのです。

自分の価値観を押しつけてくる人への接し方は、〝地雷ポイント〟を踏まないように気をつけることです。友人や同僚などであれば「この部分は価値観が合わない」という点を避けて会話をすればいいでしょう。

たとえ押しつけられても、「そんな考えもありますね」と薄く反応して。

問題は夫婦や恋人、親子など価値観の違いが大きな影響を及ぼす身近な相手です。離婚でもっとも多い原因は「生き方の違い」「金銭感覚の違い」「子どもの教育に関する考え方の違い」など価値観の違いといいます。

相手が「こうしたほうがいい」などと強く主張してきたとき、何も言い返さず、折れてばかりいては、振り回され続けることになります。

大事なのは、相手を敵とみなすのではなく、〝共通の目的〟を一緒にかなえる味方として話すこと。そして、相手の価値観に理解を示しつつ、日ごろの会話に「私は～～したい」「私は～～が好き」と〝Iメッセージ〟で「私」を多く登場させましょう。

根気強く伝えることで、少しずつ理解してもらうしかありません。違う価値観だからこそ、視野が広がり、補い合えるのだとわかっていただこうではありませんか。

振り回してくる人ファイル12

「正論を振りかざす人」

——相手の挑発に乗ると、ノックアウトするまで戦い続けることになります

「それはごもっとも」という〝正論〟を言うこと自体は、問題ではありません。

ただ、正論を振りかざして、相手を追いつめようとすることが問題なのです。

そんな人は、相手の弱点をついて「この前、〜〜って言ったよね」「あなたが〜〜しないのが、ぜったい悪い」「常識として〜〜するのはあたりまえ」というように、ねちねちと追いつめたり、激しく叩いたりします。

気の弱い人は、精神的に打ちのめされつつも、「その通りだけど、そこまで言わなくても……」と、モヤッとしたものが残るでしょう。

この〝モヤッ〟の正体は、相手の攻撃性。正しいことを言っているだけではなくて、負けず嫌いで、自分が優位に立つことが目的なので、言い方にトゲがあるのです。本人も気づいていないでしょうが。

しかも、自分の意見ではなく、だれもが認める〝正論〟であれば、必ず勝つことができる。人の弱みにつけ込んで〝上から〟攻撃してくるから、正しいことを言われても、スッキリしないのです。

相手の挑発に乗って、こちらも負けず嫌いの性質が発動し、言い訳や反論で返したり、「ひどい。そんなムキにならなくても」と感情論で返したり……と、ファイティングポーズをとると、ノックアウトするまで戦い続けることになります。

相手が一発、〝正論〟を打ってきたときに、そこで打ち返さず、一歩引くのが身を守る最善の策。「そうですね」「今度から気をつけますね」とあっさり負けてあげて、その場から早めに退散しましょう。

ただ、相手も自分の正しさに苦しんでいるはず。「間違ったら、責められる」と不安と孤独を抱えているのです。だれにでも正論で片づけられないことはあります。白黒ハッキリ「正しい・間違っている」とジャッジできるものでもないでしょう。

相手が失敗したり、弱点が見えたりしたときは「そういうこともあるよね」と寛容な態度で、大人の包容力というものを見せつけてあげましょう。

相手の戦闘モードも、徐々に解かれていくはずです。

振り回してくる人ファイル*13*

「平気で嘘をつく人」

――平気で嘘をつく人は罪悪感がなくて、人を振り回す気満々です

「嘘も方便」といって、ものごとをスムーズに運ぶために、小さな嘘をつくことはあるもの。飲み会を断るために「用事があります」と言ったり、かつて浮気をしたことがあっても「ないない」と言ったり。これらは相手への配慮と、自分の保身を兼ねた、だれも傷つかないための嘘で、さほど罪はないでしょう。

振り回されるのは〝平気〟で嘘をつく人たち。「昔、大金持ちの男性とつき合っていてね」と嘘の自慢話をしたり、逆に「夫の暴力がひどくて」と悲劇の主人公ぶったり、「○○さんがあなたの悪口言ってたよ」と人を陥れようとしたり……。

いわゆる〝虚言癖〟で、とっさに嘘を言うことがクセになっているのです。

彼らには、罪悪感というものがまるでありません。「すごいと思われたい」「かわいそうと同情されたい」「相手を傷つけたい」と自分の思惑のために、相手の心を振り

回す気満々。たいていは営業トークのように口がうまく、自分を正当化する能力も長けているので、嘘をついていることを反省もしません。

「嘘つきは泥棒の始まり」という諺《ことわざ》は、罪悪感がない人は、やがて盗みも平気でしてしまう、だから嘘をつくことを習慣にしてはいけないという戒め。平気で嘘をつく人は人の痛みが想像できないので、関わるとロクなことにならないのです。

素直な人はターゲットにされやすく、嘘を鵜呑《うの》みにして振り回されたり、「言っていることがチグハグ」と混乱したり、「真実を突きとめたい」と深みにはまったり。信じ込んで従うと、支配下で破滅させられることもあります。

そんな虚言癖の人は、何かしら満たされない欲求から全力で嘘をつき、ねじ伏せようとするので、「怪しい」と感じたら、全力で逃げるしかありません。

同僚や家族など、つき合わなければいけない相手なら、そういう人と割り切って、話半分で聞き流しましょう。仕事や生活に支障があるときはメモに残すこと、一対一ではなく複数で話を聞くこと、大事なことは何度も確認するなど防御策を。

嘘つきは信用されないことで社会的な制裁を受けているので、ゆめゆめ罰を与えることを考えず、自分の心を守ることだけに集中してください。

振り回してくる人ファイル14

「マイペースすぎる人」

――相手のマイルールを尊重してつき合えば、平和でストレスになりません

マイペースすぎる人は、ほかの人と同じように接すると、ものすごく振り回されますが、コツさえわかれば、ものすごくラクにつき合える人でもあります。

つねに自分を優先して、生きたいように生きているので、遅刻やドタキャンも多い。他人への興味が薄く、空気も読まないので、勝手な行動をとったり、わりと平気で無神経なことを言ったりします。

慣れていないと、ものごとが進まずにイライラしたり、気遣いや優しさがない、気が利かないと感じて腹が立ったりします。

しかし、マイペースな人は悪意がなく、相手を支配する気もないのです。

自分のペースで生きているので、たいていは穏やかで、無邪気な性格。好きなことをやらせておけば張り切り、ご機嫌に過ごせるでしょう。

ただし、唯一、ムキになって怒ったり、抵抗したりするのが、自分のペースを乱されるとき。たとえば、仕事で急に残業を頼んだり、やり方を変更したりすると、不機嫌になり、「やってられない」と投げやりになることもあります。

家庭のなかにマイペースな人がいると調和が乱れるもの。「朝は寝ていたい」「パンは食べたくない」「気分で出かけたい」など、謎のマイルールがあり、合わせようとすると疲れるし、こちらのペースに合わせてもらおうとすると、パニックになります。

だから、相手のマイルールをわかって、つき合うのが鉄則。こだわりがあるぶん、どうでもいい部分もあるので、そこはこちらのペースに合わせてもらいましょう。

遅刻やドタキャンはいくらかあるものとわかっておけば、対策も立てられます。

マイペースすぎる人は、意図的にそうしているのはごく少数で、これまでの習慣や環境によって、マイペースにしか生きられない人たち。協調性がなく、多少迷惑をかけていることも自覚しているので、強く訴えれば、話し合う余地はあるはず。

気遣いを期待しない、相手のペースを邪魔しない、マイルールを否定しない、こちらもマイペースにしておくなど、たがいに尊重することができれば、イライラや摩擦を生まず、成熟した協力関係を築けるのではないでしょうか。

振り回してくる人ファイル15

「無視する人」

――無視をするのは、理由が何であれ、無視している側に問題があります

「私、あなたのことが嫌いなんですけど」「私、怒ってるんですけど」と相手にわからせるために、言葉ではなく、無視したり、ツンケンしたりするのは、十代女子の特権かと思っていたら、大人になっても無視してくる人はいるのです。

私も管理職になったとき、同僚女性全員から無視されたことがあります。それまでランチも一緒に食べていたのに仲間外れ。業務連絡をしても最小限の返事……。

無視とは、「存在を認めないこと」を意味します。文句を言われるよりずっとつらいもの。自分に非が思い当たらず、「私の何がいけなかったの?」「どうしたら仲良くなれるの?」と悩み、ストレスで禿《は》げができたほどでした。

あとで私がみんなの悪口を言っているというデマが流されていたと判明。虚言癖のあるボス女子が、自分が中心でいたいために嘘を広めていたのです。

グループから無視される場合は、ボスが指令を出していて、あとの人は従っている状態。たいていは、言いがかりや誤解なので、話しやすそうな人や、上司、第三者に相談してとりもってもらいましょう。一人だけで抱えないことが大事。

無視をするのは、理由が何であれ、無視している側に大きな問題があります。口で説明すればいいものを、人格を否定する行動に出るのですから。

ママ友仲間からLINEを外された、近所の人が口を聞いてくれない、同僚の一人から無視され続けているなど、さまざまな無視があります。

こちらに非があれば、相手の怒りが収まるよう謝罪をすべきですが、理不尽に無視されていて、仕事や生活にさほど支障がないのであれば、「勝手にすれば?」で距離をとればいいでしょう。意図的に傷つけようとしている相手とつき合うと、疲れるだけです。

こちらは淡々として、「こんにちは」「ありがとう」「ごめんなさい」という礼儀だけは守って過ごしましょう。ひょんなきっかけで雪解けになるかもしれません。

無視する人がいたとしても、それは人間関係の一部。わかってくれる人もいるはず。小さな世界だけにこだわらないことも相手に巻きこまれないヒケツです。

振り回してくる人ファイル16

「察してくれることを期待する人」

――〝察してちゃん〟は、察することが自分への愛だと勘違いしています

とかく女性同士のコミュニケーションは、「忙しそうだから、しばらく声をかけないでおこう」「心配していたから、早めに連絡してあげよう」というように、言葉で言わなくても察することで成り立っていることが多いものです。

しかし、自分から察することを期待して「何で気づいてくれないの?」「何でやってくれないのよ」と不満がる〝察してちゃん〟はほんとうに面倒ください。

「私は体調が悪いのに、何で仕事をさせるの?」「コンビニに行くんだったら、何で言ってくれないの?」「こっちは忙しいんだから、手伝ってくれてもいいでしょ」と不機嫌になるか、あとでまとめて不満が爆発するか……。

遠まわしな言い方や、いわゆる〝匂わせ〟で「さすがに気つくはず」と試すような言動をとることもあります。が、他人の心情や事情をすべて理解することは不可能。

まともにつき合っていると振り回され、疲れ果てることになります。

〝察してちゃん〟は、「自分をもっと見て」という承認欲求の表れ。ハッキリと口で言えないほどの傷つきやすさと、プライドの高さ、〝自分基準〟を押しつける自己中心的な面があるため、「察して」という行動になるのです。

察することが自分への愛だと勘違いしているので、「言ってくれないとわからない」「私は違う考えだけど」など否定する言い方をすると、「私のことを大事にしてくれない」「私のことなど、どうでもいいのだ」と逆ギレすることも珍しくありません。

察してちゃんは、心の距離が近いほど、甘えが強まる傾向があります。

同僚や友人から「気が利かない」などと不満を言われたら、「まったく気づかなかった」と、鈍感なフリをして開き直っておけばいいでしょう。

別な部分で気遣いや、優しさを示しておけば、さほど関係はこじれないはず。

恋人や夫、親、子などは「察して」が出てきやすいので、匂わせたり、不機嫌になったりしたときに「ほんとうは、どうしてほしいの?」と優しく聞いて、できること、できないことを伝えましょう。相手の「察して」の要求には反応せず、こちらから自然に察してあげることが、ストレスなく関係を続けていくコツかもしれません。

振り回してくる人ファイル17

「非協力的な人」

――相手が「自然に協力したくなる」と思わなければ、持続しません

協力しなければいけない仕事やテーマがあるとき、「私はやりたくない」「できません」などと言って逃げようとする人は、2タイプあります。

ひとつは、何かしら不満があってすねているタイプ。もうひとつは、当事者意識がない、まわりを思いやる余裕がないなど、自分のことで精いっぱいなタイプ。

前者は「あの人に協力するのは嫌」「私ばかり一方的に手伝わされている」など協力することで損をすると思っているので、コミュニケーションが必要です。

まず、不満があるようなら、話を聞いてあげること。こちらからも相手に協力すること。そして「これをやったら、○○できる」とメリットを示すことなどで、わだかまりをとり除いてあげるといいでしょう。

納得すれば、むしろ自分から積極的に協力してくれるようになるはずです。

じつは、後者の当事者意識がなく、自己中心的で協力しない人のほうが、面倒で、振り回されるかもしれません。

たとえば、仕事や係、家事育児など、何でも「無理無理」と逃げ回っていたり、協力しないのに不満を言っていたり。一緒に何かする立場にいると、自分に大きく負担がのしかかって激しく消耗します。

そんな人に「ちょっとは協力して！」と訴えても、あまり効果はありません。

一時的には「しょうがないなぁ」と重い腰をあげるでしょうが、すぐ元に戻るはずです。「北風と太陽」の物語のように、無理にやらせるのではなく、「自然に協力したくなる」という形でないと、持続可能でないのです。

最初から大きな仕事を頼むと抵抗されるので、「ちょっとお願い」という程度のことからやってもらい、五割増しで「ほんとうにうれしかった。助かった。ありがとう」と感謝を示しましょう。「そんなに喜んでくれるなら……」となってきますから。

「一人で1時間かかるところが一緒にやったら15分で終わった」「一緒にやると、休みがとれる」など〝効果〟や〝希望〟を伝えるのも効果あり。担当を明確にして、できなかったらサポートすることも、協力体制をつくるヒケツです。

振り回してくる人ファイル18

「依存心が強い人」

——「与えること」と「奪うこと」は裏表。安易に与えては、たがいの自立を妨げます

すぐに「あなたがして」「あなたが決めて」と他人まかせにしたり、何かと「一緒にやって」「手伝って」「もっと○○して」と人に要求したりする〝依存心が強い人〟は、一見、人当たりがよく、口もうまいものです。

他人に甘えるためなら、「私、病気がちで……」「ほんと頭が悪くて……」と弱い自分を演じたり、「○○さんがいちばんデキるから」「あなたがいないとダメ」と下手に出て、相手を思いっきり立てたりします。

頼られるとうれしいので、あれこれ親切にしてしまうのが人情というもの。しかし、その喜びが〝餌付《えづ》け〟となって、ぐいぐい依存され、鬱陶《うっとう》しくなってきます。

なかには、どんな要求も「ハイハイ」と答える恋人、親、同僚などがいますが、これは甘える〝快感〟、甘えられる〝快感〟で共依存関係になっているもの。

依存心の強い人は、自分の思い通りに動いてくれる〝都合のいい人〟をなかなか解放してくれないので、ずるずるとしんどい関係が続きます。離れようとすると、相手を脅してでもつなぎとめようとし、修羅場と化すこともあります。

人に頼ってばかりいるのは、寂しがり屋で、心の奥で「一人では生きていけない」と不安に思っているから。

相手の都合を考えないので、甘い顔を見せては、相手の甘えも増長します。時間やエネルギーを奪われるだけでなく、相手の自立や成長を妨げることになるのです。

与えることだけが愛情ではありません。本人がやるべきことなのに、安易に口や手を出していると、当人は一人で生きる自信、自分に向き合う機会、自分で問題解決する力、達成した喜びなど、さまざまなことが奪われてしまうはずです。

「甘えすぎ！」と感じたら、会わない、一緒にいないなど、接する時間を短くして、心の距離をとりましょう。「あなたならできる」「大丈夫」と優しく伝え、聞かれたら、やり方やヒントを教える、困ったらサポートするなど見守るスタンスで。

相手を「デキない人」として扱うのではなく、「やればデキる人」として、自立を支えようではありませんか。

振り回してくる人ファイル19

「束縛する人」

――束縛されることを愛情と勘違いしては、不幸な末路をたどります

「束縛」とは、「〜してはないけない」「〜するべき」など相手に制限を加えて、行動の自由を奪うこと。過干渉で一人暮らしを許さない親、ほかの人との交流を嫌がる友人、プライベートな時間まで従わせようとする上司など、いろいろな関係がありますが、もっとも多いのは、恋人や配偶者などの関係ではないでしょうか。

たとえば、恋人であれば、こまめな連絡を要求する。自分好みの服装にさせる。友人と外食や遊びに行くのを反対する。公開されたSNSで行動やほかの人とのつき合いをチェックして従わせる。休日は一緒に過ごすことを強要する。仕事のやり方や生き方に口出しをするなど、窮屈なこと、このうえないでしょう。

なぜ束縛するのか?というと、理由は簡単。〝不安〟だからです。

束縛する人は「好きだから」「心配だから」「あなたのために」などと言い訳します

が、要は自分に自信がなく、猜疑心《さいぎしん》が強くて、支配欲が強いのです。

恋愛をすると、だれもが多かれ少なかれ、不安な気持ちにはなるもの。ですが、大人であれば、「〜〜してほしい」と自分の気持ちを伝えつつも、基本的には相手の気持ちを尊重します。「自分の言う通りにしろ」と従わせようとするのは、もしかしたら幼いときに愛情不足だったり、劣等感を味わったりした経験や、裏切られたトラウマがあり、見捨てられることが不安でしょうがないのかもしれません。

なかには、束縛されることを愛されていると勘違いする人もいます。

しかし、ほんとうの愛とは、自由と信頼によって成り立ちます。束縛や支配は自分のエゴによるもの。だれもが自分で自分のことを決める権利と責任があるのです。

束縛され振り回されたままでは、幸せになる権利も奪われてしまうでしょう。

束縛する人には、「束縛をやめろ」と言っても、なおさら不安になり、束縛行動が激しくなることもあります。わかりやすい言葉や行動などの愛情表現で安心させること。相手をほめたり認めたりして自信をもってもらうこと。折に触れて、こちらの「自分はこうしたい」という気持ちを伝えていくことも大事です。

束縛がひどい場合は、いったん離れることも視野に入れて距離をとりましょう。

第3章

振り回す相手に「戦わずして勝つ」戦略

振り回されるのは、むやみに反応してしまうからです

――人間関係は、感情的になったほうが負けです

人間関係で振り回されてしまうのは、相手が面倒な人だからだけではありません。相手に対して、むやみに反応してしまう習慣《クセ》があるからです。

私も、この本に書いたことを実践するうちに、たいていのことには振り回されなくなってきましたが、今でもうっかり反応しそうになってしまうことがあります。

たとえば、よく知りもしない人に上から目線で「あなたの生き方がいいとは思えない」などと価値観を否定されたとき、ついムキになって「あなたにいいと思われなくてけっこう」なんて口に出しそうになってしまう……。

でも、そんなとき、心のなかに〝もう一人の自分〟が登場して、「わざわざ反論するほどのこと？」と耳元でささやくのです。

人間関係は、感情的になったほうが負け。一瞬、ムカッとしても、「あら、そうですか」

第3章
振り回す相手に「戦わずして勝つ」戦略

とサラッと流して別の話題にするか、さっさと退散すればいいでしょう。

うっかり反応してしまえば「自分が正しい」と思っている者同士のプライドをかけた戦いになるか、気まずい空気になって関係にわだかまりができるかもしれません。

どんなに冷静な大人でも、人間ですから、イライラする、落ちこむ、焦る、不安になる、嫉妬するなど、うっかり反応してしまうことがあるはずです。

そんなとき、「イライラしてはいけない」「落ちこんではダメ」というのではなく、心に〝もう一人の自分〟を登場させて「ちょっと待て。そこ、戦うところじゃないから」と自分に声をかける習慣をもつと、対応の仕方も変わってきます。

〝もう一人の自分〟とは、あなたの幸せをだれより考えている賢い親友のような存在と考えてください。

感情のままに反応しているときは、理性的なもう一人の自分は出てこない状態。まともな判断ができなくなり、戦いに巻きこまれてしまうのです。

むやみに反応しなくなれば、人間関係で振り回されることは劇的に減ります。

第3章は、あなたのなかの〝もう一人の自分〟と一緒に、むやみに反応しない心のもち方、言い方や行動など「新しい習慣」をご提案していきましょう。

「今、そう感じている」と気づくだけで、心が安定します

――人が苦しむ理由のひとつは、ネガティブな解釈をしているからです

面倒な人に振り回されないための第一歩は、相手に目を向けるのではなく、自分の心に目を向けることです。前項でも書いた通り、心のなかに〝もう一人の自分〟をもってツッコミを入れる、と考えるといいでしょう。

「あ。今、ムカッとした」「イライラしている」「憂鬱になっている」など、「今、自分が感じていること」を自覚するだけでも心が安定して、相手に向かっていたネガティブな感情がフッと和らぐのです。

もうひとつ、「今、自分が考えていること」にも意識を向けてみてください。「あの人が嫌い」「あの人は間違っている」「自分のことが嫌だ」「人間関係が最悪」など、自分を苦しめている勝手な〝判断〟や〝解釈〟があるはずです。

しかし、それらは事実ではなく、自分が勝手に意味づけしているだけなのです。

そもそも人間にも、起こっている出来事に対しても「いい・悪い」「正しい・間違っている」「好き・嫌い」「優・劣」など意味はついていません。

人が苦しむ理由のひとつが、ネガティブな解釈をしているから。それらは脳の悲観的な〝妄想〟を暴走させ、私たちを支配するわけです。

「今、そう感じている」「そう考えている」、しかし「それは勝手な解釈にすぎないのだ」と考えると、現実のとらえ方はまったく変わってきます。

たとえば、「この人、苦手だなぁ」と思いながら接していると、目も合わせず、言葉も少なくなるでしょう。会っていないときも「この前は嫌味を言われたっけ」などと過去のことまで考えてしまう……。それこそが、振り回されている状態なのです。

私は「この人、苦手だわ〜」とネガティブな感情が芽生えたとき、「苦手だと感じる部分があるだけ」とできるだけ小さく考えて、淡々と接することにしています。

相手がどんな人であっても、心のなかまで引きずられることはありません。

自分の感じ方も考え方も、そして接し方も、自分で選んでいること。ほんとうに自分を振り回しているのは、相手ではなく、自分の心に生じた感情や解釈だとわかれば、むやみに反応せずに、最適なコミュニケーションをとることもできるのです。

「ありえない！」と感じたら、「あるかもね」と思い直しましょう

――ありのままを受け入れると、現実的な対応ができます

もうひとつ、むやみに反応せず、現実的に対応する考え方をご紹介します。

人間関係だけでなく、生活のなかでイライラしたり、クヨクヨしたり、振り回されたりするのは、ものすごくシンプルに言うと現実が受け入れられないから。

たとえば、友人が飲み会の約束を「今日は行けない」とＬＩＮＥ一行でドタキャンしてきたとき、「ありえない！」「理由くらい言ってよ」と腹が立つものです。ムカムカした感情を引きずったままだと、その日は寝るまで嫌な気分。つい恨みがましい嫌味を言いたくなるかもしれません。

そんなときは、頭のなかの「ありえない！」を「あるかもね」に変えてみるのです。

相手を真正面から見て「いい・悪い」と裁く〝裁判官目線〟〝被害者目線〟ではなく、天上界から「なるほど。あるかもね」とありのままを眺める〝神目線〟をイメージし

てみるといいでしょう。

するると、「急用ができて余裕がなかったのかも」「体調が悪いのかも」「私だから許してくれると思ったのかも」と、視界が広がって相手の事情を思いやることもできる。たとえ相手に非があっても、「大丈夫?」と声をかける〝神対応〟もできるのです。

私たちはいつも「こうであってほしい」という理想と、「こうである」という現実のギャップで悩み苦しみます。が、どんなことであれ、現実のほうに真実はあります。

モヤモヤした感情の霧を晴らして、ニュートラルな気持ちで、そのままの現実を理解しようとしたときに初めて、よりよい対応や解決もできるのです。

指示をコロコロ変える上司も「あの人ならあるかもね」、愚痴や悪口を言う友人も「まぁ、彼女はそうなるよね」、タメ口で話す後輩も「今はそんなものだ」、じっとしていない子どもも「子どもってそう」というように、ありのままを眺めることによって、「じゃあ、どうしましょうかね」と冷静に対策を立てられます。

相手を「いい・悪い」と裁かずに、相手が何を言ったか、どんな行動をとったかを、「そっかー」「なるほどね」「あるかもね」と眺める習慣をつけると、驚くほど相手に対する不快な感情が消えて、優しい目を向けることもできるのです。

〝振り回す相手〟をかわす4つのコツとは……

――人間関係は「戦ったら負け」。怒りをぶつけてトクすることはありません

人間関係があるかぎり〝摩擦〟は当然、あるもの。相手が自分の思い通りであれば、悩み苦しむことはないでしょうが、それぞれが自分の人生を生きているのです。

第2章で書いたように、悪意をもって攻撃してくる人や、コントロールしようとする人、悪意はないけれどナチュラルに人を傷つける人など、振り回してくる人は、生きている以上、後《あと》を絶ちません。

そんなとき私たちは、ついつい相手の言動に反応して、巻きこまれてしまう。カチンときて言い返したり、感情的に相手の言いぶんをねじ伏せようとしたり、我慢してストレスをためたりして、〝敵対関係〟をつくってしまうのです。

しかし、戦っても、何もトクをすることはありません。

関係がこじれるだけでなく、まわりの信頼も失い、仕事や日常生活に支障が出るこ

とは、だれもが経験しているでしょう。

とはいえ、言われっぱなしでも、ストレスを感じ、たがいの溝は深まるばかり。そこでここからは振り回す相手に「戦わずして勝つ」、つまり、振り回されずに相手の攻撃をかわして、自分の行きたい方向にコマを進める戦略をお伝えしたいと思います。

【〝振り回す相手〟をかわす4つのコツ】とは、次のようなものです。

1. ほどほどの距離を置く
2. さっさとと逃げる
3. スルッとかわす
4. 折り合いをつける

どれかひとつだけということでなく、これらが組み合わさっていることもあります。

人間関係は「戦ったら負け」と心得て、戦うことを放棄してください。

戦わない術を身につけると、人間関係はものすごくラク。面倒な人に振り回され、心をすり減らすことも劇的に減ります。また、「大人の対応ができる人」「人間ができた人」だと信頼されて、周囲からの評価もアップするはずです。

では、振り回す相手に「戦わずして勝つ」戦略について説明していきましょう。

人との距離は「つかず離れず」のほどほどの関係を目指す

――振り回されない場所まで遠ざかりましょう

【〝振り回す相手〟をかわすコツ】のひとつ目は、いたってシンプル。振り回されない場所まで、心理的、物理的に遠ざかればいいのです。

振り回してくる人はたいてい、ぐいぐい距離を縮めてきます。たとえば必要以上に詮索する。失礼なことを言う。無茶な要求をする。価値観を押しつける……というように「これくらいはいいだろう」ともたれかかってくるのです。夫婦ゲンカが絶えなかったり、職場でパワハラ、モラハラがあったりするのも、距離が近すぎるから。モヤモヤしながらも離れないのは「仲がいい関係」「理解し合う関係」に固執するのと、「嫌われたくない」「一人は嫌」といった恐れもあるからではないでしょうか。

しかし、近くにいるのに理解しあえない状況が、さらに振り回される関係をつくっていくのです。我慢することや傷つけ合うことも増えていくはず。

相手のことがストレスにならない〝心〟の距離感をみつけることが大事です。「何か嫌」「鬱陶《うっとう》しい」「冷たい」など、相手のことが気になっている時点で振り回されているということ。相手のために時間もエネルギーも消耗していることになります。

近すぎると、相手の嫌なところが目についたり、相手からの期待、要求を負担に感じたりで気に障《さわ》るもの。無理に仲良くしようとせず、誘われても断る、会話を減らす、深入りしない、すべて自己開示しないなど、少しずつ距離をとりましょう。

逆に、遠すぎるのも気疲れします。たとえば一緒にいても相手の気持ちがわからず、心が離れている夫婦など、意地を張らずに少しずつでも言葉を交わしたいものです。

ちょうどいい関係とは、怒りや不安、嫌悪感をもたないから相手のことが気になりません。「人は人、自分は自分」で伸び伸びと自分のことに集中できるし、相手のことも尊重できる。気を使わずに安心して声をかけたり、思いやったりできるのです。

とくに身近な人との関係はストレスなく、細く長く、大切にしていきたいもの。一緒にいて不快にならないよう、ほどほどの距離を保つことが大事。感情をぶつけない、礼儀を忘れない、嫌がることをしないなど、相手への思いやりが必要です。

「優しくなれるか」も、心地いい距離感をみつけるバロメーターかもしれません。

心と体を守るために「逃げるが勝ち」という戦略もあります

――「話せばわかる」「どんな人ともつき合える」は、傲慢《ごうまん》な考えです

相手が暴言を吐く、ねちねちと説教をする、嫌味を言ってくるなど、怒りや敵意をぶつけてきたときは、ひとまず「逃げるが勝ち」。怒りに怒りで返しては戦いが続き、逆に我慢しても怒りや不満の火種はくすぶって、どこかであふれ出します。

とくに相手が感情的になっているときは、酔っぱらいにからまれているのと同じで、まともなコミュニケーションができないので「相手にしない」のが賢明。

心が乱れたら、その場からいったん退散しましょう。お茶をする。世間話をする。散歩をするなど場所を変えたり、別の行動をしたりするのが、気持ちを切り替えるコツ。落ち着いたら、あとはなにごともなかったように過ごすのです。

その人そのものから離れたほうがいい場合もあります。明らかに関わらないほうがいい、つき合うと振り回されるという人はいるもの。それなのに、「悪い人じゃない

から」「話せばわかるから」と執着していると、たがいに傷つけ合うことになります。

私もかつて「どんな人ともつき合える」と傲慢な考えでいました。

今は会うたびに愚痴や悪口をだらだら言う人や、価値観を押しつけてくる人など、自分が「しんどい」と感じたら、心と体を守るために、さっさと逃げることにしています。

「あなたのためを思って」という相手も要注意。親切心を全面的に出してじつはビジネスの勧誘だったり、恩を散々売ったあとで無茶な要求をしてきたり。ほんとうは自分のために利用しているから、わざわざ「あなたのため」と言い訳をするのです。

「一生離れる」のではなく「いったん離れる」という気持ちでフェードアウトすると、それほど面倒なことにはならないはず。もし、恋愛や友人関係などこちらの気持ちを尊重せず、しつこく追ってくる相手は、なおさら危険です。

親子のあいだでお金を無心したり、暴力をふるったり、職場でパワハラで追いつめられたりと、明らかに逃げたほうがいい関係もあります。もともと悪い人がいるわけではなく、だれもが環境や関係性から、悪い面が出てくる可能性はあるのです。

逆に、いい影響を与えてくれる相手とつき合うと、たがいのいい面が引き出されます。つき合う人を選ぶこと、人を見る目を養うことは、とても大切なことなのです。

相手の攻撃をスルッとかわして、自分のペースにもちこむ戦法もあります

——話の主導権をもつことで、振り回されなくなります

距離を置いたり、逃げたりするほどではないけれど、嫌味やマウントなどジャブを打ってくるような攻撃はダメージを受けないようにスルッとかわすのがおすすめです。これは、逆らわないことで被害を受けない「柳に風」戦法ともいえます。ただし、強い風を受けながらも、なかなか折れない柳のように自分をもっていることが大事。逆に考えると「面倒だけど、ここは合わせておこう」と自分で決めてやっているから、どんなことにも振り回されず、表面的にはサラッと受け流すことができるのです。

たとえば、先輩から「あんたバカなの?」と言われたとき、ムキになって「バカじゃありません!」と反論するのは、相手の土俵に乗ったも同然。にっこり笑って「自分でもバカだなーと思うことがあります」とやり過ごせばいいでしょう。

攻撃してくる人は、たいてい、承認欲求が強すぎて困っている人。だから〝反撃〟

ではなく、「あなたのことは認めていますよ」と安心させることが必要なのです。

しかし、そればかりでは相手も調子に乗るので、早い段階で論点をずらしたり、話題を変えたりして、自分のペースにもっていきましょう。

たとえば、相手がお金持ち自慢でマウントをとってきたとき、「いや、私のほうが……」とさらにすごい自慢話で返したくなるかもしれませんが、グッとこらえて。「へー。そうなんですね」と流したあと、「じゃあ、〇〇さんにご馳走《ちそう》してもらおう」「もしかして資産運用とかしてます？」「ところで、駅前の宝くじ売り場で高額当選が出たらしいです」と、〝お金〟から連想ゲームのように話をかぶせていくのです。

これだと、相手のプライドを満たしつつ、自分の興味のある話も聞けます。

また、叱られたり、責められたりすると、「私が悪いの？」とへこむか、反撃してしまいがちですが、その場を収めることや問題を解決することに注力しましょう。

「スルッとかわして、言いたいことも言う」という戦法は、慣れると簡単。〝味方〟のように懐に入って、かわいがってもらったり、助け合ったりできます。

相手を〝敵〟だと思わないことが、最大の勝利。自分を大切にしたいなら、相手を敵にするより味方にしたほうが、断然おトクで、ストレスにもならないはずです。

対立したときは「折り合いをつける」という戦術があります

――子どものケンカから国際紛争まで使える「交渉の3ステップ」とは……

振り回してくる人の多くは、人の都合を考えず、自分の要求や意見を通そうとする人です。そこで、対立したときに、「折り合いをつける」という戦術をわかっておくと、ムダな戦いや、人間関係の摩擦を回避できるでしょう。

「折り合いつける」とは、自分の意見だけを通そうとするのでもなく、反対に自分だけが我慢をするのではなく、たがいにいくらか折れて、妥協する決着を目指すこと。

たとえば、「この仕事はあなたがやって」と押しつける先輩に対して、すべての仕事を引き受けるのは嫌だけど、むげに断ることもできないので、半分ずつやることで折り合いをつける……というように。

生活のなかで意見が対立する場面は多々あります。夫とお金の使い方でもめる。取引先と納品時期と金額で対立する。恋人と連絡の頻度で考え方が違うなどなど。

どちらもハッピーな「WIN－WIN（勝ち・勝ち）」ではなく、たがいにいくらか妥協する「LOSE－LOSE（負け・負け）」なので、それぞれが「まあ、いいだろう」と納得できるポイントを見つけていくことが重要です。

こちらが有利になるように、相手を威圧的に言い負かそう、なだめて言いくるめようと勝ちに行く姿勢だと、うまく折り合いをつけることはできないでしょう。

子どものケンカから国際紛争まで使える「交渉の3ステップ」は「自分がどうしたいかハッキリさせる」「相手の主張にも耳を傾ける」「たがいに納得する案を見つける」。

なかでも、相手の話を真摯《しんし》に聞く姿勢はとても大切。相手の気持ちを理解したり、隠れた事情を思いやったりするだけでなく、相手から「この人は自分の話をちゃんと聞いてくれる」とわかってもらうことが大事なのです。

また、交渉をするとき、相手の反応を見ながら「どのラインなら通りそうか」と進めていくのもポイント。相手が納得しないときは、相手のほうから提案してもらいましょう。交互に代替案を出しながら、妥協点を見つけていくのです。

さまざまな場面で折り合いをつけられるようになると、どちらか一方の満足ではなく、完璧でなくても一緒に納得する喜びや充足感が得られるはずです。

無理をしない、気を遣わない〝断り上手〟になりましょう

——「明るく、短く、言い切る」＋「気遣いのひと言」で完璧です

私たちが振り回されてしまう理由のひとつに、相手の要求や誘いをハッキリ断れないことがあります。

基本的に、断るのが苦手な人は、自分も断られたくない人です。「ＮＯ」と言われると拒絶されたようで深く傷つくため、「相手をがっかりさせたくない」「嫌われたくない」「波風立てたくない」と必要以上に気を遣って、断ることができなくなるのです。

じつは、私も〝断り下手〟でした。断るストレスと、引き受けるストレスを天秤《てんびん》にかけて「引き受けたほうがラク」と思っていたほど。ですが、それでは、まわりに振り回されてしんどくなるばかり。

そこで、あれこれ試して行きついた断り方は、「明るく、短く、言い切る」と、い

たってシンプルなもの。たとえば、ランチの誘いを断るときは、あまり気を遣わず、「今回は行けないです」とあっさり言えばいいのです。「でも、誘ってくださり、ありがとうございます」「また今度！」と感謝や気遣いのひと言を加えれば、完璧。

断る罪悪感や、自分の印象をよくしたい気持ちから、詳しい言い訳や迷いを説明したくなるものですが、長く話すほど弱気な姿勢が見えてしまう。相手に「押せば何とかなる」と思わせて、結局、なし崩し的に引き受けることになりかねません。

とくに、ぐいぐい押してくる相手には、つけ入る隙《すき》を与えないよう、言葉少なめにハッキリ断って、爽やかに退散しましょう。

依頼を断りづらいときや、何とかしてあげたいときは、「これはできないけど、これはできる」「今週はできないが、来週ならできる」というように、条件つきで断るのもあり。前向きな表現にすると、断るハードルがぐんと低くなります。

私が断れるようになって実感したのは、断ることで人間関係はよくなるということ。気を遣わずに「できない」「行けない」と言える関係は心地よく、相手が断ることにも理解を示せるようになります。

〝断り上手〟になって、無理をしない、気を遣わない関係を目指しましょう。

相手を倒すためではなく自分を守るために、ちょっとだけ言い返しましょう

――【嫌なことを言われたとき、とっさに言い返すひと言】とは……

「戦わないほうがいいのはわかるけど、ひどいことや無礼なことを言われても黙っておくほうがいいでしょうか」といった質問を受けたことがありました。

「言い返しましょう！　ただし、相手を倒すためではなく、自分を守るために」というのが私の答え。言われっぱなしでは「どうぞ、いくらでも攻撃してください」と言っているようなものですから。攻撃されにくい人というのは「コイツに下手なことを言うと、やり返されてめんどくさいぞ」と思わせる人なのです。

振り回す人と、振り回される人のあいだには、目に見えないパワーバランスが存在していることが多いもの。パワーをもっている（と勘違いしている）人が、パワーがない（と勘違いしている）人を振り回す関係になってしまう。だから「いざとなれば、やり返しますよ」というオーラを出している人は、標的にされにくいのです。

さて、問題は「言い返し方」です。あくまでも自分を守るためなので、合気道のように、冷静に相手の攻撃をかわして一撃をくわえるイメージ。だらだら反論しては、たがいに消耗するので、攻撃をストップさせるための〝ひと言〟があればいいのです。

【嫌なことを言われたとき、とっさに言い返すひと言】をいくつかご紹介します。

1.「私は〜〜と思いますよ」「あなたは〜〜だ」「そっちこそ……」と相手を主語にした言い方だと攻撃をすることに。「私」を主語にして一人称で伝えると、単なる意見を言ったことになり、相手もすんなり受け入れやすいのです。

2.「〇〇ってどういう意味ですか？」「最低だ」と言われたら、「最低ってどういう意味ですか」とこだまのように返すのです。「それってどういう意味？」でもOK。攻撃するために嫌味を言う人はたいてい、深い意味はないので、一瞬ひるむはず。

3.「そこは違います」あきらかに間違っているときは「その点は〜〜」「そこだけは〜〜」など部分的な指摘を。それ以外は肯定していることになり、相手も聞く態勢に。

これらの言葉は相手の攻撃的な体勢を崩すだけでなく、自分のショックを和らげて、悠然とした態度で話を続けることができます。「言いなりになる楽勝の相手」より「戦うと面倒な相手」になったほうが、たがいを守るために有効なのです。

相手に要望するときは「一点だけ」「〜だけ」を意識して

——対立やトラブルを複雑にしないことが、良好な関係を保つヒケツです

振り回してくる人の性質を変えることはできませんが、だからといって合わせてばかりいるのも疲れるもの。良好な関係を保つためには「こうしてほしい」「気をつけてほしい」「直してほしい」と要望を伝えることも当然出てきます。

そのときに、意識してほしいのは、ひとつだけ端的に伝えることです。

メッセージは相手の心に届かなければ意味がありません。あれもこれも言うと、相手は混乱するだけでなく、反感をもったり、やる気をなくしたりするでしょう。

たとえば、時間や約束を守らない後輩に対して、「あなたはいい加減だ」「仕事に支障が出ている」「まわりも迷惑している」などねちねちと責めると、後輩は行動をあらためるどころではなく、「そんなふうに思われていたんだ」「迷惑ってだれが言ったんだ？」「なんか辞めたくなってきた……」と複雑に考えて落ちこんでしまいます。

後輩に対して、いろいろ言いたいことはあっても「時間だけは守ってね」とシンプルに、タイミングよく伝えると、後輩も「それは気をつけなきゃ」とすんなりインプットされて行動も変わるのです。

一流のスポーツコーチほど口数が少なく、「修正ポイントは一点だけ」「ここだけ直せば、もっとよくなる」という言い方をするとか。

一点だけに集中したほうが、選手の成果がすぐに出て、自信にもなる。修正点がひと段落したら、次は……と、ひとつずつ修正を加えていくのです。

「〜だけ」を意識して伝えたい場面は多いもの。隣でおしゃべりばかりしている同僚に「1時間だけ集中させて」、家事に協力しない夫に「皿洗いだけは頼む」、指示をコロコロ変える上司に「今回だけは指示を変えないでください」というように。

「〜だけ」は、自分自身にも応用できます。ミスをしたら「ここだけ改善しよう」、成果を出すために「ここだけ力を入れる」、やるべきことが多くても「まずは、これだけ」などなど。

他人への要求も自分への要求も「ひとつ選ぶとしたら何?」という視点で考えると、成果も出やすく、気もラクになるのです。

いつでもどこでも「自然体」の人は最強です

――「自然体」の本質は、まわりに振り回されずに自分を貫くことです

あなたの知り合いのなかで、どこにいっても、なぜか好かれていて敵をつくらない、しかも振り回されることなく、大事にされている人を思い出してみてください。

そんな人たちは、例外なく〝自然体〟の人ではないでしょうか。

「自然体」の人を簡単に言うと、飾らない性格。自分のことをよく見せようとせず、裏表がない。どんな人にも心を開いて、自分のことや意見を素直に伝えるイメージ。

ただ素直だけでなく、自分の気持ちを大事にして、「私は～が好き」「私は～が苦手」「私は～がしたい」とハッキリ表明するので、振り回されにくいのです。

自然体の人は、人に対して〝警戒心〟や〝嫌悪感〟がなく、無邪気に伸び伸びと接するので、だれもが「自分に心を許してくれている」「信頼されている」と親しみをもつのも、振り回されない理由のひとつ。

反対に、自分を大きく見せようとしたり、とり繕《つくろ》ったり、張り合ったり、意地を張ったり、謙遜しすぎたりするのは、不自然な状態。そんな人たちは「自分がどう思われるか？」という人の目や評価が軸になっていて、それによって言葉も行動も変わっていく。つまり〝自分軸〟がないので、いつも何かに振り回されているのです。

「自然体」とは、武道全般でよく使われる言葉で、余分な力を入れずに、自然に立った基本姿勢、「気負わずにありのままの状態」という精神性を意味します。

安定した姿勢、穏やかな気持ちから、どんな攻めや守りに対しても、素早く反応して、もっとも高いパフォーマンスを発揮できるといいます。一方、力んで不自然な状態では隙《すき》だらけで、攻められやすく、守りも崩れやすいのです。

人間関係の「自然体」の本質も、まわりに振り回されずに、自分を貫くこと。それがどんな相手に対しても、冷静に対応することにつながるのです。

自然体の人は、他人のこともよく観察しているので、失礼なこと、傷つくことは言わず、丁寧に接します。わからないことは「わからない」、できないことは「できない」とありのままを正直に言い、他人の攻撃をかわす術ももっています。

できるだけ自然体で接しようとすることが、最大の防御なのです。

攻撃されたとき、気まずいときも、淡々と平気で過ごしましょう

——嫌な気分を「引きずる人」、「引きずらない人」の違いは……

嫌味やキツい言動で攻撃をする人にとっての目的は、相手にダメージを与えること。だから、クヨクヨと落ちこんだり、オロオロ動揺したり、逆にヘラヘラと媚《こ》びたりしては、相手の思うつぼなのです。

ダメージを受けたあと、ムカムカして「やっぱ、言い返さなきゃ気が済まない」「仕返ししてやらなきゃ」と時間が経ってから反撃したり、ツンケンした態度に出てこじれたり、顔も見たくないと冷戦状態に突入したりする人もいるかもしれません。

友人や知り合い程度の関係なら、会わなければいい話ですが、職場や家庭のなかなら、そうもいかない。重苦しい空気が続くほど、自分の心も体も蝕《むしば》んでいきます。

しかし、いちばんの勝利は「相手に勝つこと」ではなく、「動じないこと」なのです。

何ごともなかったように淡々と過ごし、相手に対して敵意を見せないことが大事。

意に介さない態度で「あなたの攻撃は効きませんよ」と示して、相手にもそのことは忘れてもらい、早めに〝通常運転〟に戻りましょう。

ところで、嫌な気分を引きずる人、引きずらない人の違いは何でしょう?

誤解を承知で書くと、嫌な気分を引きずる人は〝ヒマ〟なのかもしれません。「そんなことを気にしている場合じゃない」「あの人につき合っているヒマはない」と目の前の仕事、遊び、家事や育児に向き合って〝忙しく〟していれば、ムカムカすることを思い出さないはず。思い出すほど妄想が広がって、深みにはまるのです。「あ、今、気にしている」と気づいたら、「それより大事なことがある」と頭のなかから追い出して、「今、ここ」にある目の前のことに集中しましょう。

嫌な相手でも礼儀だけはわきまえて、淡々と過ごしていれば、そのうち、わだかまりも消えるでしょう。気心の知れた関係なら、笑い合うこと、フォローすること、バカバカしいですが飴玉《あめだま》をあげることなど、ふとしたきっかけで一気に元に戻ることも。

何があっても平然とかまえている大人は、だんだん攻撃されなくなります。

人格者に対して、幼稚な攻撃をするのは恥ずかしく、自己嫌悪に陥るもの。精神的に成熟した大人になることが、最終的には敵をつくらない道なのかもしれません。

弱い立場、孤立した立場は、攻撃されやすくなります

――攻撃されない関係をつくるために、もっとも必要なものは……

人間関係は目に見えないパワーバランスが存在していて、強い立場の人が弱い立場の人を攻撃する、複数の人が孤立した人を攻撃するということが起こりやすいもの。攻撃する人のほとんどは、「勝てる」と思うから攻撃するのです。上司からパワハラを受けたり、グループから孤立した人が悪口を言われたりするのは、よくある話。「弱い者いじめをするなんてひどい！」というのは正論ですが、そうなるのは当然といえば当然。弱肉強食の摂理なのかもしれません。子ども同士のケンカから、企業内闘争、国と国の関係まで、強いほうが弱いほうを打ち負かしたり、圧をかけたりして利を得ようとするわけですから。

私は、二十代三十代は転職が多く、そのたびに「弱い立場」「孤立した立場」になってきました。パワハラやいじめも多い職場も経験して、そんななかで「攻撃される人」

「攻撃されにくい人」の違いは何だろうと考え続けました。

いちばん大きな違いは、やはり何といっても〝コミュニケーション〟なのです。

攻撃されにくい人は、最初は弱い立場で孤立していても、話しやすそうな人をみつけて、話を聞くところから始めます。雑談をするうちに、たがいに猫好きとわかったら、猫の情報交換をしたり、ペットの写真を見せ合ったり。仕事でも「給湯室の掃除をしたいんだけどね」なんて聞くと、「私、やりますよ」なんて言えるわけです。

話を聞けば、共有する情報が増えて、何かしら協力できることが出てきます。

どんな場所でも「自分の話を聞いてくれる人がいる」「応援してくれる人がいる」というのは安心できること。そんな相手に対して攻撃する気にはならないのです。

また、自分からも「じつは子どもが通院していて……」「今、資格試験の勉強をしていて……」と話しておくと、何かと応援してもらえる。上司から無茶な仕事を押しつけられても、援護射撃してもらったり、仕事をカバーしてもらえたりします。

地域の人や同業者などでも、日ごろから周囲の人と軽いコミュニケーションをとっておくと、攻撃のターゲットにはなりにくいもの。攻撃的な人は基本的に小心者なので、友好的な人、仲間が多い人には手を出さないのです。

振り回されないために、あえて疑うこともあります

――「こうであってほしい」という期待を脇において〝人間観察〟をしましょう

「人間関係は人を信じることが大事」といった話を聞くことがあります。

もちろん、信頼に値する人であれば、少々不安があっても信じてまかせたり、頼ったり、協力したりすることで、いい影響、いい成果があるでしょう。

しかし、あえて疑うことが必要なときもあります。なぜなら〝言葉〟は嘘をつきますから。言葉を信用しすぎると、振り回されることになるのです。

かつて中間管理職として、多くのアルバイトを雇うことがありました。面接のとき、口がうまくて「週5働いてもいいです!」「その仕事ならまかせてください!」などと調子よく言う人ほど、採用すると欠勤が多かったり、安心してまかせられなかったり。また、まじめで責任感が強すぎるあまり、体や心の不調があっても無理して働いている人もいます。口では「大丈夫です」と言っていても、だんだん表情がなくなり、

ある日突然、ぷつんと糸が切れたように来なくなることがあるのです。

「大丈夫って言ったのに」ではなく、声のトーンや表情、行動から「これは大丈夫じゃないな」と感じたら、サポートしてあげるなど対処する必要があるわけです。

「何を言ったか」ではなく、「何をやっているか」のほうが、はるかに信用できます。その人が日ごろ、やっていること、これまでやってきたことは嘘をつきません。

といっても、何でもかんでも疑ってかかると、ものすごく疲れます。

日ごろから「いい、悪い」とジャッジせず、おもしろがるくらいの余裕で人間観察をする習慣、言葉と行動の小さな〝違和感〟に気づいたら、少し気をつける習慣をもつといいでしょう。簡単に言葉に振り回されなくなり、人の本質を見る目を養えます。

そのためには自分の「こうであってほしい」という期待を脇に置く必要があります。

たとえば、女性でよく「カレが好きって言ってくれないから不安」と言う人がいますが、カレの表情から「好き」がダダ漏れしていたり、行動から彼女を大事にしているのが一目瞭然だったり。じつは疑わず、信じていいケースも多々あります。

「この人はどんな人なのか?」「ほんとうのところ、どうなのか?」と相手のやっていることを観察すると本質が見え、どう対処すればいいかも見えてくるはずです。

振り回す相手にイライラ、モヤモヤしなくなる、とっておきの考え方

――自分がどれだけ期待しても、相手は変わってくれません

この本のなかで「むやみに反応しない」「感情を切り離して相手を観察する」など、振り回されないコツをお伝えしてきましたが、そんな悟りをひらいた聖人のようなことはできないと思われる方もいらっしゃるでしょう。

私もかつては感情的に反応したり、モヤモヤしながら嫌悪感をもって相手を見つめたりしていたので、「そんなにうまくいかない」という気持ちもわかります。最終的に私がむやみに反応しなくなった、二つの考え方をあらためてご紹介しましょう。

まずは、「振り回す相手にも、振り回してしまう事情がある」と考えること。攻撃的な人、マウントをとる人、お節介な人、いい加減な人、非協力的な人……第2章でも書いたように、それぞれ、どうしてもそうなってしまう理由があるわけです。

もともともっている性質や家族構成、育った環境や教育、これまでの経験、今の背

景など、さまざまな事情が組み合わさって、今の状況になっているため、簡単に変えることはできないわけです。ネガティブな言動には、ネガティブな事情と、ネガティブな感情があり、これからもネガティブな結果を招いていく……という因果応報。本人も何かしらつらい思いを抱えているのかもしれません。「自分には、うかがいしれない事情がある」と考えると、モヤモヤも薄らいでいくのです。

もうひとつ意識してほしいのは「モヤモヤする裏には、かならず期待がある」ということ。たとえば「メールの返事が遅い！」（現実）⇩「すぐに返してほしい」（期待）「なんで傷つくことを言うの？」（現実）⇩「もっと優しくしてほしい」（期待）「何でも私にやらせないで」（現実）⇩「自分のことは自分でやって」（期待）というように。しかし、自分の勝手な期待は、相手が知る由はありません。そのことがわかったら、「期待を手放して、それはそれで対処する」「少しずつ希望を伝える」「自分の気持ちをハッキリ言う」など、ケースごとの対処があるでしょう。

私はほとんどの場合、期待を「ま、いっかー」と手放して、自分のことにフォーカスします。そういう人だとわかったら執着せず、自分が困るときだけ伝えればいい。モヤモヤしたら、このふたつを考えることで、ストレスはぐんと減るはずです。

愚痴を言ってもいいけど、愚痴にも流儀があります

――共感してくれる人が、愚痴る相手に最適だとはかぎりません

「愚痴を言うのはネガティブで悪いことだ」と考えている人も多いようですが、だれかに振り回されているとき、苦しい思いを一人で抱えていては疲弊してきます。

「だれかが自分の話を聞いてくれた」というだけで、救われたような感覚になりますし、話をすることで、状況を客観的に見られて頭の整理をすることにも役立ちます。

ただし、愚痴にも流儀があるのです。

まず、ひとつの流儀は、話す相手を間違わないこと。共感してくれる相手が最適だと思われがちですが、かならずしもそうではありません。

似たようなことで悩んでいる人と「ひどすぎるよね」「思い出したら、また腹が立ってきた」「最悪なことになりそう……」などと愚痴っているうちに怒りが増したり、不安になったり。ぐるぐる妄想して、話がエンドレスで続くこともあります。

一方、立場は違っても「話したらスッキリした」とモヤモヤが解消されることもあります。愚痴を言える正しい相手とは、話したあと、気がラクになる人です。「共感してくれるか」よりも大事なのは、「ものごとを大げさにしないか」「前向きであるか」ということではないでしょうか。

とくに前向きな友人は、つらいとき、世間話をするだけで元気になれるものです。ある友人は、私が愚痴っぽい相談をすると、いつも「そんなの、まったく問題じゃないでしょ」と笑い飛ばしてくれる人。「たしかにそうかも……」と思えてきて、ものすごくラクになるわけです。

また、相手に理解、共感、アドバイスを期待すると、不満やさびしさを抱えることになるので、「聞いてもらえるだけでありがたい。理解してもらえるかは相手の領域」と考えること。聞く人の貴重な時間を分けてもらっていると心得て、だらだら長くならない、頻度が多くならないことも大事です。

狭い人間関係のなかでは、振り回されやすい状況が生まれやすくなります。

外の場所に、一人でも愚痴を言える人を確保していると心強い。相手が話したいときも積極的に聞いて、たがいに「話して元気になれる相手」でありたいものです。

「私は聞いてない」が激しい抵抗勢力を生むことがあります

――〝根回し〟は「あなたを大切にしています」というメッセージを伝える手段です

ノンキャリアから省庁で異例の出世をした友人が、こんなことを言っていました。

「人間関係のトラブルのほとんどは『私は聞いていなかった』から起こる。ないがしろにされたと思った人は、へそを曲げて反対したり、足を引っ張ったり。正しいことをしていればみんなの理解を得られるというのは、大間違いだよ」

彼の仕事ぶりを見ていると、組織の隅々までよく見ていて、若者やアルバイトの人ともよくコミュニケーションをとっています。出世する人は上の立場の人にばかり気を使っているようですが、じつは下の立場の人にこそ根回しは大事で、現場の声を無視して管理職だけで方針などを決めると、激しい抵抗にあうのだとか。

根回しとは、ものごとを円滑に進めるために、事前に水面下で合意を得ること。コソコソ裏工作をしているようで卑怯《ひきょう》でネガティブなイメージがあるかもしれません。

しかし、根回しは難しいことではなく、職場だけでなく家庭や地域、どんな人間関係でも、とても大切なことなのです。

大きな買いものをする前に、家族に「これ買っていいよね？」と確認をしたり、家のリフォームをする前、ご近所に「工事の音でご迷惑をおかけします」と菓子折りを持参したりするのも、立派な根回し。ひと言がなかったばかりに、あとでトラブルになりそうなことは想像がつくでしょう。

根回しの本質は、相手の立場になって考える〝思いやり〟なのです。

それも、「私は事前確認をされなくても平気だけど……」ではなく、相手の頭になって「あの人なら文句を言いたくなるだろうな」と考えることがポイントです。

根回しのコツは、基本的に一対一で行うこと。メールより電話、電話より対面のほうが「自分を大事にしてくれている」と感じられます。また、全体の関係性から、伝える人、伝える順番も考慮したほうがいいでしょう。

根回しは、攻撃や抵抗を生まずに目的を叶えていくための手段ですが、日ごろから「あなたを大切にしています」というメッセージを伝える手段でもあります。そんな気遣いのできる人は愛され、いざというとき応援してくれる人たちがいるはずです。

笑顔とユーモアは「振り回されにくさ」をつくります

――真剣な話をするときほど、笑顔やユーモアが必要です

笑顔とユーモアがある職場は、離職率が低く、業績もいいと聞きます。

笑顔は人間関係の潤滑油。家庭、友人、サークルなどでも、冗談を言って笑い合っている関係は心地よく、トラブルも少ないことは、だれもが実感することでしょう。

反対に、怒って暴言を吐いたり、責任を押しつけたりしている関係では、当然、笑顔はなく、無表情だったり、気難しい顔をしていたりするものです。

人間関係がいいから笑顔になるのではなく、笑顔だから人間関係がよくなるのです。

また、あまり意識されないことですが、笑顔を武器にすると、まわりに振り回されず、自分を貫けるという効果もあります。

たとえば、気の進まない誘いを断るときも、きまじめに「申し訳ありません」と言うより、にっこり「ごめんなさーい。今日は×です」とジェスチャーを混ぜて軽く言っ

たほうがたがいに気がラク。注意するときも「コラッ！　お母さんは許しません」と冗談っぽく言ったり、頼みごとも笑顔で「一生のお願い！」と大げさに言ったり……。笑顔があると、会話もやわらかくなり、言いたいことを言いやすくなるのです。

真剣なときは笑ってはいけないと考える人もいるでしょうが、私は真剣なときほど、笑顔やユーモアが必要だと考えます。

想像してみてください。怒りながら注意されても、怒られたことで萎縮したり、逆ギレしたりして、話の中身が入ってこないのです。笑顔も交えながら、ちゃんと説明するほうが、相手も安心して話を聞く態勢になるはずです。

一流のスポーツ選手ほど真剣勝負のときに粋《いき》なジョークで笑い合っているのは、緊張を和らげたり、チーム仲間との結束が強まったりするからでしょう。

「私はユーモアセンスがないから……」と言う人は、難しく考えず、まずは笑顔でゆっくり話すことから始めるといいでしょう。

ユーモアとはおもしろい話をすることではなく、おもしろい点を見つけること。別の角度からも、ものごとを見ようとする視点は、何より自分の心に余裕を生み、楽観的になります。自分を貫き、相手のことも尊重する関係ができやすいのです。

〝先入観〟があると思考停止。相手のことが見えず、振り回されやすくなります

――「そうともかぎらない」とガチガチに固まっていた思考のロックを外しましょう

私たちが「何か苦手な人だ」と身がまえたり、「あの人、嫌い」と会話を避けていたりと、ネガティブな印象で接しているときは、〝相手〟に振り回されているというより、〝先入観〟に振り回されていることが多いものです。

〝先入観〟とは「あの人はきっとこんな人だ」と決めつけること。「新任の部長は、噂によると、ものすごく怖いらしい」「今の若い子たちはやる気がない」「きっと彼女は私のことが嫌いなのだ」「夫は頑固だから言ってもムダ」というように勝手にレッテルを貼ってしまうのは〝わかったつもり〟は気持ちがいいし、ラクだから。

人は、よくわからないものに対して不安を抱きます。肩書きや経歴、噂、見た目、自分の経験など〝断片的な情報〟から、「こんな人」だと決めつけてしまえば、思考停止できる。それ以上「どんな人なんだろう?」と観察したり、「どうすればうまく

いくのか?」と考える必要はないからです。

ネガティブな先入観で接していると、それが相手に伝わってぎくしゃくしてしまう。良好な関係を築くことも、自分の思いを叶えていくこともむずかしい。何より、相手の本質や魅力を知ろうとしないのは、とてももったいないことです。

相手に対して恐れや不安、緊張感などがあるときは、自分のなかにある〝先入観(決めつけ)〟に気づいて、「いや、そうともかぎらない」と疑ってみるのが第一歩。ガチガチに固まっていた思考のロックが解けて、「もしかしたら、いい人かも」「若い人にはパワーがある」「夫も話せばわかってくれるはず」など、柔軟で現実的な考え方ができるようになります。

私は以前、パーティなどで尊敬する作家に会ったとき、「自分などと話をしてくれるはずがない」と決めつけて声をかけられずにいました。先入観は拒絶される怖さの裏返しだったかもしれません。今は「可能性はゼロではない」とダメ元で声をかけます。二度と会えないかもしれないのに、先入観でチャンスを逃してはもったいない。

他人のことを完全にわかることはできません。わからないからこそ、踏み込めるし、興味をもってわかろうとするのです。

「ほめ」と「感謝」の習慣で、攻撃しない、されない関係をつくりましょう

――自分のことを認めてくれる人は、大切な存在になります

人間関係の勝負は戦う前からついているといっていいでしょう。

日ごろから良好なコミュニケーションをとっている人は、まわりとの信頼関係ができているので、攻撃されることがなく、無傷のまま、ご機嫌に生きていけます。

コミュニケーションといっても、仲良くすればいいというわけではありません。

意識してほしいのは「ほめ」と「感謝」の習慣です。

自分のことを認めてくれる人は、とても大切な存在。そんな相手のことを、意図的に攻撃してやろう、支配してやろうという気にはならないものです。

〝好意〟には〝好意〟を返したくなるという心理「好意の返報性」によって、自分も相手のことを認めよう、感謝しようという気持ちになるはずです。

以前、そそっかしくてミスばかりしている上司がいました。毎日「まわりが優秀だ

から、助かっている」「ほんとうにありがとう！」と〝ほめ〟と〝感謝〟を言い続けていたので、攻撃されるどころか、「私たちにまかせてください！」と愛されるほど。

ほめも感謝もない上司なら「いい加減にしろ！」と猛攻撃されていたでしょう。

ほめない人はその理由を「照れくさい」「社交辞令のようだ」「ほめるところがない」などと言います。とくに、嫌いな相手や苦手な相手に対しては、「何でアイツをほめなきゃいけないんだ」と抵抗があるはずです。

これこそが、人間関係の勝負の分かれ目なのです。敵をつくらず、愛される人は、だれに対しても、いいなと思ったら、すかさず「すごい」「すてき」「すばらしい」と称賛します。特別なことだけでなく、日ごろがんばっていること、元気にあいさつをすることなど、日常のあたりまえから、ほめや感謝をみつけます。

とくに攻撃性のある人は承認欲求が強いので、ほめは防御として有効に働きます。いちばん効果があるのは、言っている本人。少々摩擦があっても、プラスの側面に目を向けるうちに、わだかまりも消えて、相手を大切に思えてくるでしょう。

ほめと感謝は、気の利いた言葉ではなく、簡単でシンプルでいいのです。一日何回も口にして、たがいを尊重する関係をつくっていこうではありませんか。

相手のことをよく観察して、「快（喜び）」を与えましょう

――思いやりをもって、気楽に接していれば、人間関係は悪いことにはなりません

「相手は何を喜ぶのか。何を嫌がるのか」を考えて動くのが、人間関係の基本。私たちは人に与える喜びがトータルで大きいほど、まわりからも愛され、応援してもらえる機会も増えていきます。

〝喜び〟といっても、難しいことではありません。前項に書いたように、ほめること、感謝すること。笑顔であいさつすること、労《ねぎら》うこと、楽しませること、教えること、そっとしてあげること……相手にとっていい影響があることは、すべて〝喜び〟。

人生のゲームはまるで〝喜ばせごっこ〟のよう。「あの人が喜んでくれた」「みんなの役に立てた」と喜びのコインをチャリンチャリンと貯めるほど、自分の人生を幸せに豊かにできて、前に進めやすくなります。

そのために大切なのは、感情に流されず、相手のことをよく観察すること。先入観

をもたずに興味をもって「どんな人なんだろう」「どんな気持ちなんだろう」と見つめている人は、それに合わせて現実的な対処ができるのです。

この本の第2章で書いた「振り回してくる人」に対しても、「いい・悪い」とジャッジするのではなく、「こういう面がある」と観察していれば、どう関わっていけばいいのかが見えてきます。

つねに振り回されている人は「どうしてあの人はああなのか」と感情的に〝反応〟するばかり。相手を観察して「どうしたらうまくいくのか」と理性的な〝対応〟ができていれば、摩擦や衝突が生まれにくくなります。

観察にいちばん必要なのは、相手を嫌わず、恐れず、おもしろがるぐらいの心の余裕。相手の行動、表情、言葉遣い、服、つき合う人、これまでやってきたこと……さまざまな情報から「これは喜んでくれるかな」「これは嫌がるだろう」と思いやりをもって、気楽に接していれば、人間関係は悪いことにはなりません。

結局のところ、自分を大切にしながら、相手も大切にしている人が、人間関係の勝者。そのためには、できるだけ相手に悪感情をもたず、ストレスをためないことが大事。次の章では、そんな自分の心とのつき合い方にフォーカスしてみましょう。

第4章

自分の感情に振り回されない

「イライラさせられている」と考えるのをやめましょう

——イライラは、あくまでも自分の内側で起こっている反応です

「上司が優柔不断で指示があやふやなので、いつもイライラさせられています」

「同僚の話にはいつも自慢が盛り込まれていて、もわっと嫌な気分にさせられる」

「彼氏にメッセージを送っても既読スルーが多く、毎回イラッとさせられる」

そんなふうに「あの人のせいで〜〜」と考えるところから、「振り回されている」という感覚も、相手に対するイライラも生まれます。

しかし、ほんとうは〝相手〟ではなく、〝自分の感情〟に振り回されているのです。

イライラや怒りは、あくまでも自分の内側で起こっている反応です。

「あの人のせいで、イライラさせられている」と表現も思考も受け身になっているかぎり、「私の感情はまわりに左右されます。自分ではどうすることもできません」と言っているようなものです。

第4章
自分の感情に振り回されない

私たちは「だってイライラするから仕方ない」などと考えがちですが、同じ状況で同じ目にあっても、イライラする人もいれば、イライラしない人もいる。自分のなかだけで比較しても、ご機嫌なときはイラつくことはないのに、余裕のない状態では、イラついて相手に当たってしまうこともあるでしょう。

私たちの感情は、ものごとのとらえ方しだいでコロコロと変わっていくのです。「イライラさせられている」ではなく、「イライラしているのだ」と主体的に考えることができれば、ものすごくラク。「あ、今、イライラしている」「テンパってる」「落ちこんでいる」と気づいて、自分でメンテナンスしていけるようになります。ほとんどの〝振り回され案件〟は解決していけるはずです。

自分の感情は、あくまでも自分で解決できる問題であり、自分に責任があるのです。このことを忘れなければ、苦しい状況に追いつめられて絶望することはありません。

大切なのは、「どう感じるか」という感情の主導権をとり戻すこと。自分自身にムダな苦しみを与えないこと。現実的に対処すること。

「心は熱く（または、あたたかく）、頭は冷静に」という成熟した心のもち方を目指して、感情とのつき合い方を一緒に考えていきましょう。

「イライラしてはいけない」と考えるのをやめましょう

――一瞬、イラッとしても、そのあとの感情は自分でマネジメントできます

私たちは、イライラしているとき、「イライラしてはいけない」とよく考えます。近くに振り回す人がいると、「今日はイライラしないようにしよう」と目標を立て「あぁ、また、イライラしてしまった」「バカバカ！　なんて私は弱いの」と、今度は〝イライラしている自分〟に対してイライラする……と二重のイライラ。

「イライラするな」というのは、無茶な話。イライラしたり、腹が立ったり、緊張したり、焦ったりするのは、あたりまえで、とても健全なことなのです。

「腹が立つ」「悲しい」という一見、ネガティブな感情も、「うれしい」「楽しい」といったポジティブな感情と同じように大切な感情。何かを教えてくれています。

たとえば、イライラは、心のアラート信号のようなもの。なにかを察知して「ちょっと待て。気をつけて！」というメッセージを送っています。

大事なことは「イライラしてはいけない」と考えるのではなく、「イライラする。じゃあ、どうする?」と考えること。一瞬、イラッとしても、そのあとの感情は自分でマネジメントできるのです。

たとえば、メールの返信がないとき、「あ、イライラしている」と気づいたら、「ま、気にしなくていいか」と放置する、「仕事が進まないから、電話連絡してみよう」とアクションを起こすなど、さまざまな対処法があるでしょう。

私は「どんな感情になってもいい」と自分を許してから、ものすごくラクになりました。「落ちこんではいけない」ではなく、「そりゃあ、落ちこむよね。寝たら忘れる程度だけど」、「人に苦手意識をもってはいけない」ではなく、「苦手と感じる人とはつき合わなければいい」など、現実的な対処ができるようになったのです。

有名スポーツ選手のコーチが、大舞台に臨む選手についてこう言っていました。

「どんな場数を踏んだ選手でも緊張する。緊張するなと言うと、ますます緊張する。せっかくの機会、緊張を味わいながら楽しもうと言ったほうが落ち着くんだ」

自分の感情を否定せずに、受け入れること。「じゃあ、どうする?」と考えることで、自分を振り回していた感情がだんだん落ち着いてくるのです。

他人に期待するのではなく、自分に期待しましょう

——感情に振り回されるのは、〝期待〟を手放せないからです

「職場の若い子が、いわゆる指示待ちっていうのかな。手とり足とり教えてあげないと何もできないし、自分から動くこともない。イライラさせられっぱなしよ」

そんなふうに愚痴っているときは、相手にばかり意識が向いて、大事なことに気づいていません。

それは自分が「期待しすぎ」ということ。

自分のなかにある期待に気づかないかぎり、心はどんどん乱れて、それは相手に対する態度にも出てしまう。すると、相手もつられてイライラしてしまうでしょう。

「まぁ、若いときはそんなもの。私も何をしていいのかわからず不安だったな」と現実に寄り添えたら、イライラも収まるのです。

イライラしたり腹が立ったりするときは「〇〇してくれると思ったのに（期待）、そ

うではない（現実）」という期待と現実とのギャップがあります。レストランで「水が出てこない」とプリプリするのも、テレビのニュース解説者に「いい加減なことを言うわ〜」とムカつくのも、自分の「こうあるべき」という理想や期待があるからです。

そんなときは、自嘲《じちょう》しながら、自分をたしなめていいのではないでしょうか。

「期待しすぎ。自分の思い通りになるわけないでしょ」と。

他人に対する期待は「まぁ、そんなもの」「ま、いっかー」で手放せます。

対して、自分自身はイライラして不機嫌になったり、売り言葉に買い言葉で傷つける言葉を吐いたりしたくないもの。相手への「こうあるべき」という期待を手放して自分への「こうありたい」に期待しようではありませんか。

また、自分の現実に対してもイラついたり、腹が立ったりすることもあるはずです。

たとえば、目標を達成できなかった、ミスをくり返した、人にやさしくできなかったなど。そんなときも「そりゃあ、思い通りにいかないのはあたりまえ。次はもっとよくなる」と、未来に期待して修正していけばいい。自分への期待はどれだけ大きくてもいいけれど、現実がともなわないときも、けっして自分を責めないことが大事。

他人への期待を手放して、自分に期待できたら、心は平和なのです。

自分の感情にもっと素直になっていいのです

——感情に素直になると「自分マニュアル」ができてきます

私たちは、もっと自分の感情に素直になってもいいと思うのです。

振り回してくる人に「嫌だなぁ」と思うこと、身近な人との関係がつらいと感じること、友人のＳＮＳの自慢気な投稿を見てもわっとすることなどなど。そんな感情を無意識におさえたり、無視したりして〝いい人〟を演じながらつき合ってしまう。仕事でも生活でも与えられたタスクをこなすことに精いっぱい……という日々が続いていると、心の負担が重くなって、だんだん疲弊していきます。

「まぁ、いっかー」で済ませられたらいいけど、それだけでは片づけられないストレスがあるときは、自分の価値観や生き方に反したものがあるのかもしれません。

「私、嫌なんだ」と気づいたら、そこから離れたり、時間の使い方や場所、人間関係など環境を整えたり、別の手段を考えたり……と修正していく必要があります。

とくに現代社会は、個人化した一人ひとりが、会社やまわりの同調圧力のなかで生きている時代。「こんな状況はしんどい」「猛烈に腹が立っている」「そういうの、苦手だ」と感じて当然。それを、ちゃんと自覚することが大事なのです。

心の状態に目を向ける習慣ができてくると、小さな違和感が芽生えたときに「あれ？なんか引っかかる」「このまま進まないほうがいいかも」「どうあれば自分は納得するのか」と直感が働くようになり、早い段階で修正できるようになってきます。

一方、ネガティブな感情だけでなく、「こんな世界にワクワクする」「やっていて楽しい」「こんな人は心地いい」「夢中になれる」「充実感がある」などポジティブな感情にも正直でありましょう。自分のやりたいことがわからない人にもおすすめです。

感情に素直になると、自分は何をして、どんな働き方をしたいか、何を大切に生きたいのかなど、隠れていた自分の〝本質〟が輪郭を表してくるはずです。

私は仕事でも生活でも、できるだけ「好きなこと」「楽しいこと」「幸せなこと」で満たしたいと思っていますが、仕事でうまくいかず、苦しいことも多々あります。だからこそその達成感もあるので、「苦しいけどやりたい」ということこそ大事にしたい。

感情に素直になると、そんな〝自分マニュアル〟ができていくのです。

モヤモヤしたストレスは、ため込まず、「言語化」して吐き出しましょう

――心の整理やストレス解消に「一人紙上ブレーンストーミング」は有効です

ふだんから「何となくモヤモヤしている」というストレスがあるとき、つい「とりあえず、考えないでおこう」とフタをしてしまいがち。しかし、そうしたストレスは解放しないかぎり、心のなかに少しずつたまって、体までも蝕《むしば》んでいきます。

悪感情をそのまま放置しておくと、イライラや暴言など、感情でしかアウトプットできなくなってしまうのです。

モヤモヤしたストレスは、「言語化」してアウトプットするといいでしょう。

感情を具体的な言葉にすることで、心の整理ができます。

「どうして嫌なのか」「なぜ気になるのか」「どこが不満に感じるのか」と、問題を言葉として自覚できると、日常のコミュニケーションや行動のなかで自然に解決するようになってくるのです。また、言語化することで、イライラ、クヨクヨする恐怖心や

攻撃性を司《つかさど》る脳の「扁桃体《へんとうたい》」の活性も抑えられるといいます。

複数人で自由に意見を出し合う「ブレーンストーミング」という方法があります。感じたこと、気になることなどを出すうちに、いいアイデアが出てくるというものですが、心の整理やストレス解消には「一人紙上ブレーンストーミング」が有効です。

Ａ４の紙やノートに、今感じていることを箇条書きやメモのように自由に書き出してみましょう。「悪口、愚痴になってはいけない」と考える必要はありません。あくまでも感情や思考の整理をするためのもので、自分だけしか見ないのですから。

たとえば「上司がムカつく」と感じているなら、「お気に入りだけ、ひいきする」「感情的に叱る」「仕事はできる」「サイコパスっぽい？」など、何でもいいのです。

言葉にすることで問題の輪郭がハッキリすると、すぐでなくても「仕事だと割り切ればいいか」「報連相だけはちゃんとしよう」「仕事のやり方は学ぼう」などの解決策が浮かび、自然によりよい方向に導かれていきます。

ストレスをいっぺんに片づけようとする必要はありません。まずはストレスを言語化するだけでも、気持ちが落ち着きます。そして、ひとつでもよりよい方法を試してみることで、心が穏やか、そして動じなくなっていくことを実感してください。

#「〜しなければ」という自分ルールをゆるめてみましょう

――ほんとうは何をしてもいいし、何もやらなくてもいいのです

「上司の指示は納得がいかなくてもやるのがあたりまえ。それなのに、今は『何で?』とか『無理無理』と平気で言う人たちがいるから、イライラしっぱなし」と言っている人がいました。

他人に対してイライラするのは、「〜しなければならない」という〝自分ルール〟を無意識に他人に押しつけてしまっている可能性大。しかも「自分だけの決まりごと」でなく、「一般的な常識・マナー」だと思っていたら、なおさらタチが悪い……。

〝自分ルール〟というのは、自分を律するためや、まわりの人とうまくやっていくために「このことは守ろう」「これはしてはいけない」などと決めてきたことです。

「子どものお弁当はつくるべき」「始業10分前には出社しなければ」「すぐにお礼をしなければ」「席を譲らなければ」「年上には敬語を使わなければ」など、さまざまな〝自

分ルール〟があるでしょう。

でも、その通りのことをできない人、しない人もたくさんいます。

ほんとうは何をしてもいいし、何もやらなくてもいいのです。万が一、人に迷惑をかけたり、法律に触れるようなことなら、自分で責任をとるだけ。

「〜〜しなければならない」ではなく、「〜〜するにこしたことはない」「どっちでもいい」くらいに考えておいたほうが、気がラク。自分自身も、自分ルールにしばられて「こんなこともできない私はダメ！」と窮屈になっているかもしれません。

他人にイラッとしたら、「私は自分が上司の指示に従おうとがんばってきたから、人にもそうしてほしいのだ」と考えてはどうでしょう。「ほんと、よくがんばってきた」「私はえらい！」と自分への発見と労《ねぎら》いの機会にすれば、怒りは静まってきます。

私は他人にイラッとしたとき、「知ったことか」とつぶやいていたら、イラッとすることと自体がなくなってきました。自分と他人の間に境界線が引けたのです。

それぞれが自分ルールのなかで生きています。ひとつやふたつルールが違ったとしても、共存していくことはできる。「なるほど、おたくはそういうルールなんですね」とわかっておけば、たがいを認め、違いをおもしろがる余裕も生まれるのです。

前向きな言葉に変換して、穏やかな心と冷静な頭をとり戻しましょう

――裏から見ると、短所が長所として作用することもあります

「振り回されている！」と感じるときは、使う〝言葉〟を変えてみるのも、心を落ち着かせるのに役立ちます。たとえば、「あの人は思いつきでものを言うから困る」と感じたとき、「アイデアがつぎつぎに浮かんでおもしろい」というように。

人の性質は「優柔不断⇓慎重」「ワガママ⇓自分を主張できる」「言い方がキツい⇓裏表がない」など、裏から見ると、短所が長所として作用することもあります。迷惑なだけに感じる人でも、「かわいいところもある」「ネタとしておもしろい」「反面教師になる」など、何かしらプラスの表現で意味をもたせることはできるのです。

「言霊《ことだま》」といって、古来、言葉には現実をもたらす力があるとされてきました。

人間は言葉によってイメージしながら考える生きもの。そのイメージのほとんどは「肯定」「否定」のどちらかです。雨が降って「最悪」と思う人もいれば、「自然が喜

んでいる」という人もいる。ものごとにはすべて陰陽があるのですから、明るい言葉を積極的に使うことは、人間の知性といえるでしょう。

そもそも、私たちの思考は放っておくと暗い妄想をしがちです。人間関係がうまくいかないときも「私、なめられてるのかな」「みんな、いじわる」「これからどうしよう」と悲観的な言葉で悪いほうに考えてしまう。ヒマでボーッとしていると、とくに。「どうしよう」と考えたら、「どうにかなる」と言い換えましょう。先の不安があるとき、プレッシャーで追いつめられそうなとき、自己嫌悪になるときも、空を見て「どうにかなる！」「何とかなる！」「大丈夫！」と何度もつぶやくのです。

悲観的な言葉を使うのも、楽観的な言葉を使うのも自由。ですが、明るく前向きな言葉のほうが、気が軽くなって冷静な判断ができ、ものごとはうまくいくもの。ネガティブな感情になったとき、無理にポジティブになれということではありません。私はよく「心配だけど、何とかなるね」「さびしいけど、また会える」「腹が立つけど、いいところもある」など、最後はポジティブな言葉で締めるようにしています。

言葉しだいで見ている景色はガラリと変わります。明るい言葉を使い、明るいほうを見て、明るい未来を信じたほうが、明るい〝今〟が引き寄せられるのです。

「より小さく考える」で心を守りましょう

――「命軸」で考えるとほとんどの悩みは小さい

もうひとつ、言葉の力を使って、心をラクにする考え方をご紹介します。

振り回してくる人を「そういう人もいる」「そういう面もある」、苦しいときを「そういうこともある」「そんな日もある」など、小さくとらえる言葉の習慣をもつのです。

私たちの心を守るだけでなく、ものごとを冷静に見つめるために。

そもそも私たちの感情や思考は、少々臆病にできていて、小さな不安材料を大げさにとらえる傾向があります。だから、ひとつ黒い部分があると、オセロゲームのように、ほかの全部もパタパタと黒にしてしまう。

たとえば、仲がよかった友人の冷たいひと言がどうしても許せなくて距離を置く。

大好きだったアーティストの不倫が発覚して見るのも嫌になる。上司に初めて叱られて落ちこみ、仕事を辞めたくなるなど、似たようなことはだれでもあるでしょう。

人類が自然の脅威に満ちた環境を生き抜くためには、できるだけ臆病になってネガティブな点に目を向ける必要がありました。敏感になって異変を見逃さなかった者ほど、生き延びて遺伝子を残せたのは間違いありません。

だから、「いいことはすぐに忘れる」「悪いことはしつこく覚えている」という思考のクセが発達し、定着していったのです。

メディアが悲観的なニュースを流すのも、SNSでネガティブなコメントが拡散されやすいのも、私たちがネガティブな情報にとらわれやすい心理が作用しています。

しかし、自分を守ろうとする心理がアダになって、私たちを苦しめているのも事実。人間関係の不安材料もつい大げさにとらえて、イライラやクヨクヨの感情に振り回されてしまう。そんな行動はまわりにも伝わって、いらぬ摩擦や攻撃を生むのです。

「至らぬ点があるのは、おたがいさま」と寛容になり、ポジティブな面にも目を向ける。よくないことは小さく、いいことはちゃんと見ようとする心がけが、公平に冷静に見る視点を養います。何より、そのほうが幸せではありませんか。

不安や悩みは「死ぬほどのことか！」と考えてもいいでしょう。

命軸で考えるとほとんどの悩みは「たいしたことじゃない」と思えてきますから。

スマホや情報に振り回されないために「触れない勇気」が必要です

――自分軸がなければ、無防備にネガティブな人や情報を引き寄せます

「スマホは便利な道具だが、同時に危険な道具でもある」と実感するのは、至極当然なこと。SNSやネット、ゲームなどは、〝快〟を手っとり早く与えてくれるために、中毒性があるのです。〝快〟も多すぎると〝不快〟になってきます。

たとえば、ネットニュースを見ようとすると、気になる広告やオモシロ動画、推しのアーティストの写真などが目に入ってくる。ついクリックして反応しているうちに、あっという間に30分、1時間と経過して自己嫌悪……ということが起こります。

身近にスマホがないと不安で落ち着かない、SNSをチェックせずにはいられない、投稿で見栄を張ったり人と比較したりする、情報過多で頭が疲れるなど、さまざまな弊害がありますが、やはりいちばんは膨大な時間を〝支配〟されることでしょう。

主体的にスマホを利用しているようで、気がつけばスマホの〝奴隷〟になって振り

回されて、大切なことが疎《おろそ》かになっている。もしかしたら、知らず知らずに思考も影響を受けて、自分で主体的に考える能力が衰え、操られているのかもしれません。

米国のIT業界のトップたちが、子どもにスマホを持たせないのも理解できます。

スマホや情報に振り回されるのも、人間関係に振り回されるのと似ていて、自分をもっていなければ、無防備にネガティブな人や情報を引き寄せて、悪影響を受けてしまう。反対に、自分の方向性が定まっていれば、それにふさわしい人や情報が集まってきて、自分の成長や幸せを支えてくれます。

とんでもなく大量の情報がものすごいスピードで押し寄せてきて、だれもが貪《むさぼ》るようにそれを処理している現代は、情報に「触れない勇気」が必要だと切に感じます。

目につくと反応してしまうのでスマホはデスクや枕元に置かない、できるだけ持ち歩かない、電車ではスマホを見ない、夜9時以降は触らないなどのルールづくりが大事。

そして、自然のなかを散歩したり、人と向き合っておしゃべりをしたり、料理や工作など手を動かす作業をしたりと、有機的なものに触れる時間をもちましょう。

スマホの画面を見続けるよりも、豊かで満たされた時間が過ごせるはず。惑わされずに自分の道を進むためにも、「触れない勇気」を意識する必要があるのです。

ネガティブな感情にとり込まれそうなときは、小さな作業を丁寧に

——単純作業は、雑念をおさえて「無の境地」に近づけてくれる働きがあります

心穏やかに毎日を過ごしたいのに、職場に振り回してくる人がいてイライラする、一人でいても嫌なことを思い出してモヤモヤする、家族についカッとなってしまう……。そんな人におすすめしたいのは、ともかく目の前の〝作業〟に没頭することです。

「いや、それはわかっているけど、いろいろ気になって手につかないから困っている」と言う人もいるかもしれません。

それは、「作業療法」の正しいやり方と、重要性が理解できていないから。

イライラ、モヤモヤしているときに、頭を使う複雑な仕事や、プレッシャーのかかる大きな仕事をやろうとしても、集中できないはずです。

「小さな単純作業」を「ひとつだけ」「丁寧に」するのです。

たとえば、職場であれば、引き出しを一段だけ整理する。デスクの上をきれいに拭

く。ファイリングをする。書類をシュレッダーにかける。メモを清書する。家庭であれば、植木に水やりをする。冷蔵庫の片づけをする。ゴミをまとめる。洗い物をするなど、些細《ささい》なことだけどムダにはならず、成果が見えることがおすすめ。

それらをちゃちゃっと適当にやるのではなく、ゆっくり丁寧に、心をこめてやるのです。なんとなく始めても、きちんとやろうとすると、いつの間にか「はい、一丁上がり！」と気分がノッてきて、イライラ、モヤモヤが薄れていく感覚があります。

これは「作業興奮」と呼ばれるもので、単純作業、とくに手先を使う作業はやる気と、心の落ち着きを取り戻すのに効果的なのです。

お経をひたすら書き写す「写経」は、やっているうちに雑念を抑えて「無の境地」に近づけてくれるといいますが、家事や雑事の単純作業もそれに似た効果があり、「淡々と丁寧に」行うことで、とらわれていたストレスから解放してくれます。

じっとしているだけでは、ネガティブな感情にのみこまれてしまいます。

積極的な気持ちがあるから行動するのではなく、積極的な行動から積極的な心が生まれるのです。仕事や勉強でやる気が出ないときも、だらだら何もしないのではなく、簡単な作業から丁寧にやり始めると、弾みがついていつの間にか熱中するはずです。

他人の悪行は〝解釈〟を変えましょう

——これからもずっとその人に支配されつづけていくのですか？

「子どものときにいじめられた」「親にひどい仕打ちをされた」「夫に浮気をされた」「同僚に陥《おとし》れられた」など、過去にあった〝他人の悪行〟に対する恨みを、何年も何十年も持ち続けている人がいます。

恨みの感情はどんどん大きくなり、「あの人さえいなければ、私はこんなことにならなかった」「復讐しないと気が済まない」などと涙ながらに訴える人もいます。

人の心理には、いいことをされたら、いいことを返す。悪いことをされたら、悪いことを返すという「返報性の法則」があります。

怒り、恨みが残っているのは、まだ〝お返し〟として罰することが済んでいないのでしょう。「自分ばかりが損をしている！」という気持ちでいっぱいなのです。

でも、今、現在、この場所でその人たちが悪事を行っているわけでも、危害を加えているわけでもありません。

だれが自分に苦しみを与えているのか？

そう、ほかのだれでもなく、自分自身。今も怒りをもっているばかりに、しつこく思い出し、自分に苦しみを与え、不利益を与え続けているのは、自分なのです。

人間にとっていちばん危険なのは、他人ではなく、自分の心。怒り、憎しみ、悲しみ、絶望といった感情は、自分の心と体を蝕《むしば》んで追い詰めていきます。自分をほんとうに大事にして守ろうと思うなら、他人へのつまらない恨みなど手放せませんか。

恨みの感情をもち続けているのは、相手に人生を支配されているも当然なのです。

過去に起こったことを、そのまま再現して記憶することはできません。

私たちが思い出しているのは〝妄想〟の再現ドラマ。いくらでも〝解釈〟を変えて、悲劇のドラマから、ハッピーエンドのドラマにすることができます。

「あの人のせいで」でなく、「あの人のおかげで」、学びがあった、たくましくなった、人の優しさがわかった、今があるなど、何かしらプラスになっていることもあるはずです。いま現在、これから先の未来は、何にも支配されない、明るい筋書きのドラマを描いて生きていこうではありませんか。自分自身を守るために。

怒りに振り回されるのではなく、怒りを生かす道もあります

――怒りのエネルギーは、現状を変える力にもなります

感情のなかでも〝怒り〟のパワーはもっとも強く、激しく、私たちを振り回します。でも「怒ってはいけない」と考える必要はありません。

そもそも〝怒り〟という感情は、猫が縄張りに入ってきた敵をシャーッと威嚇するように、「生き残るため」の本能。戦うか、逃げるかの指令を出すために発生する感覚です。つまり、生きていくためには必要で、欠かすことはできない感情なのです。

今の日本では命を脅かされることはめったにありませんが、自分にとって大切なものが侵されるときに、それを守ろうとして起こります。自分の時間、尊厳、権利、平和、自由……。大切な人を傷つけられたときにも、大きな怒りが湧いてきます。

ただし、怒ったあとが問題。衝動的な怒りなら、そのまま相手にぶつけてもいいことはありません。「1、2、3……」と10まで数えてその場を離れましょう。落ち着

いてから大人の対応をしたほうが身のためです。

大きな不利益を被って、どうしても謝罪してほしい、代償を払ってほしいのなら戦う必要があるかもしれません。怒りを手放すのと、怒りを表現するのと「どちらが自分は幸せになるのか?」を軸に決めればいいでしょう。

くり返しますが、怒りに振り回されると、自分も他人も傷つけることになります。しかし、その一方で、怒りのエネルギーは、現状を換える力にもなります。

たとえば、屈辱を受けて悔しい思いをしたから、「見返してやる!」と原動力にする人もいます。成功者の多くは、悔しさをバネに這《は》い上がってきた人たちです。

金メダルをとったオリンピック選手が「最初、審査員の点数に納得いってなくて、その怒りが次のパフォーマンスにつながった」というようなこと言っていたことがありました。爽やかでスポーツマンらしい〝復讐〟かもしれません。

また、交通事故で愛する家族を失った人が、同じような被害者が出ないよう社会活動をする場合もあります。世の中への静かな怒りが、アートや文学作品になることも。

怒りは、人を傷つけるために使ってはもったいない。自分を大きく成長させたり、社会をよくしたりするほどの力があるのですから、有効に使いたいものです。

積極的に喜び、感動し、感謝しましょう

――「今・ここ・自分」に意識を集中させる習慣で、振り回されない体質に

私たちは怒りや悲しみなどの感情にとりこまれないことも大事ですが、同時に、積極的に喜んだり、楽しんだりすることが、〝心の風邪〟をひかない予防策になります。

いいことがあってご機嫌な日は、何があってもイライラしないように、心を喜びや感謝などでいっぱいにしておけば、怒り、不安、憎しみ、後悔、悲しみなどの感情は入ってきにくくなるのです。当然、人から振り回されることも、ぐんと減ります。

喜びや楽しみを多くもつために、特別なことをする必要はありません。

日常生活のなかで、喜びを「感じること」に意識を向けるだけでいいのです。

たとえば、食事をしているとき「あ～、おいしい！」、お風呂に入って「気持ちい～」、花が咲いているのを見て「きれい！」、音楽を聴いて「この曲、好きだなぁ」など、ただ純粋に喜びを感じる回数を増やしていくと、確実に幸福度は倍増します。

じつは、心の器の容量は限られています。「今・ここ・自分」の喜びで満たさなければもったいない。ぼんやりしているうちに「過去・未来・他人」の怒りや不安が心のスペースをとってしまうと、幸せも感じにくくなるでしょう。

これは「今・ここ・自分」の感覚に意識を集中させて瞑想する〝マインドフルネス〟の理論と同じ。私たちの頭のなかは、放っておくと、過去の後悔、未来の不安、他人の噂話など自分勝手につくりあげた〝妄想〟でおしゃべりが止まりません。

むやみに反応して疲れることなく、今、現実にある感覚を味わうことで、集中力や記憶力が増し、心の健やかさをとり戻すことができるのです。

「幸せ」は、なるものでなく、あるものを感じること、気づくこと。いつも身近に存在しているものです。そして、感謝するほど、毎日の生活や人生に輝きが生まれ、むやみに振り回されない心に近づいていきます。

難しいことではありません。積極的に喜ぶこと。楽しむこと。笑うこと。感動すること。好きなものを選ぶこと……。お手本にしたいのは目の前のことに夢中になって遊ぶ子どもたち。怒っても泣いてもすぐに忘れて、ケラケラと笑い出す。毎日を「あー、楽しかった！」で終えられたら、最高ではないでしょうか。

心と頭がオーバーヒートしそうになったら〝感覚〟に戻りましょう

――体に働きかければ、心の落ち着きをとり戻せます

「たいしたことじゃないのに、なんでこんなにイラッとしてしまうんだろう」と感じることはありませんか？

それは心（感情）の器の容量がストレスで限界に達しようとしているから。ふだんの些細《ささい》なストレスがちょっとずつ溜まって、あふれ出しそうになっているのです。

イライラしやすくなっているときに「イラッとしてはいけない」と感情をおさえたり、感情を何かにぶつけたりしても心の空き容量は大きくなりません。

「憂《う》さ晴らしをしよう」と衝動買いや、やけ食いに走っても自己嫌悪。スマホやゲームで紛《まぎ》らわそうとしても反応することで心と思考を消耗し、逆に疲れるはずです。

心と頭が疲れているときは〝感覚〟に戻りましょう。

イライラは心と体のアクセル役である〝交感神経〟を働かせている状態。血圧や脈

拍が上がり、脳も興奮状態にあります。それにブレーキをかけるように〝副交感神経〟を働かせる感覚的なアプローチが必要です。

もっとも即効性があるのが「深呼吸」。焦ったときや緊張したとき、無意識に、ふーっと大きくゆっくり息を吐くことがあるはず。体を落ち着かせることで、自然に心も落ち着くことを感覚としてわかっているからです。

五感を使うリラックス方法もおすすめです。たとえば、自然に触れたり、ペットをなでたりすると癒やされるもの。お風呂に入る、マッサージやストレッチをする、お茶を飲む、散歩をする、アロマを嗅《か》ぐなど、気持ちいいと感じることをしましょう。

そして、感情メンテナンスにいちばん効果があるとされるのが、よい睡眠です。寝ているあいだ、体も心も回復させようと〝無意識のコンピュータ〟は働き続けています。怒りや恐怖、不安などの感情を和らげて、嫌な記憶を消してくれる働きがあるため、「寝て忘れよう」「起きたら、スッキリ。どうでもよくなった」となりやすいのです。ただし、寝すぎは体もだるくなり、気分も沈みがちなので気をつけて。

ふだんから心の状態をチェックして、ストレスがたまりそうになったら、その都度、対処する習慣をもてば、心もリフレッシュできるのです。

ショックな出来事のあとは、だれかに話して心の整理をしましょう

――頭を整理して言語表現することが、心も整理する心理療法になります

ものすごくショックなことがあったあとは、思い出したくもないので、口にするのも嫌なものです。ひたすら「忘れなければ」と言い聞かせているかもしれません。しかし、「言葉にできない」ということは、心の整理がついていないということ。そのままだと、なんともいえない心をえぐられるようなつらい感情と生々しい記憶がセットで残り、何かにつけ、思い起こされることになります。

心の整理がつかないモヤモヤしたままの記憶は、忘れようとしても〝危険情報〟として頭のなかにとどまっているからです。だから、「記憶を消し去る」ことよりも、心の整理をして「思い出しても平気」という状態にしたほうがいいのです。

心の整理をするために、だれかに話を共有してもらう方法があります。自分だけで抱えている心の〝重い荷物〟を降ろしてラクになるためにも。

起こった一連の出来事を話そうとすると、相手が理解できるように話を組み立てて整理する必要があります。客観的な目で、その出来事について距離を置いて眺めることになるため、言語表現することは、心も整理する心理療法になるのです。

たとえば「日ごろからギスギスした人間関係だった」「そして、事件は起きた」「パワハラから逃げて正解だった」など、自分で納得したり、自己完結したり。そんなふうに心の整理ができた記憶は、ラベリングされるように頭のなかにしまわれるため、「どんな話だったっけ?」とわざわざ引き出されなくなるのです。

強烈な出来事でも「つらかったけど、学びもあった」「助けてくれる人もいた」などひとつでもプラスの要素を見つけたら、「しょうがない」と決着して、だんだん忘れていく。たまに思い出しても痛みは和らいでいるでしょう。

ただし、話をする相手選びは大事。目的はあくまでも自分の体験や感じたことを言葉にして整理していくことですから、ただ話を聞いてくれる人がいいでしょう。

近すぎる関係者だとつい口を挟みたくなったり、アドバイスしたくなるはずです。話せる相手がいない場合は145ページで書いた「一人紙上ブレーンストーミング」もおすすめ。つらい記憶は〝毒〟になって苦しめるので早めに整理をしていきましょう。

不調のときほど楽観主義、絶好調のときはあえて悲観主義でいきましょう

――「この程度で済んでよかった！」と最悪のことを想定すると、気分が軽くなります

私たちはいいことがあると楽観的になり、悪いことがあると悲観的になる傾向があります。「楽観主義」「悲観主義」、どちらがいい、悪いではなく、その特性を利用すると、気分に振り回されず、ものごとも人間関係もうまくいきやすくなります。

そのひとつは、不調のときほど、楽観主義になるということ。

アスリートが試合でひとつのミスから「流れが変わった」などということがありますが、「あぁ、ダメかも……」と緊張の糸が切れた途端、動きも崩れていくのです。

仕事でもトラブルが起きて焦って後始末をしているうちに、ほかの用事を忘れ、上司に叱られ、逆ギレして最悪……と「泣きっ面《つら》に蜂」状態になることがあります。

これらの原因はすべて「平常心でいられない」からです。

私が平常心でいるためによくやる手は、悪いことが起きたときに「この程度で済ん

でよかった」と最悪の事態を想定すること。気分が軽くなり、冷静に対処できます。

また、失ったことでなく、得ていることを考えるのも手。「もう三日しかない」ではなく「まだ三日もある」、「信頼を失った」ではなく「学びを得た」というように。

何をしてもうまくいかないときは「休みをもらった！」と考えて、何もしないのもあり。基本的に人間は悲観的に考えがち。哲学者アランの「悲観主義は気分によるものであり、楽観主義は意志によるものである」の言葉のように、日ごろは楽観的であろうと心がけたほうが、人間関係にも健康にもプラスに働くはず。

反対に、多少悲観的に考えたほうがいいのは、計画を立てて準備をするときです。優れた仕事人ほど、うまくいかないシナリオをすべて想定して、慎重な準備をするもの。だからこそ、進むときは楽観的になることができるのです。

反対に、うまくいかない人は楽観的に考えて適当な準備をしてしまう。そのため、進めている段階で壁にぶち当たってそこで悲観的になるわけです。

また、絶好調のときも、あえて悲観的に「調子に乗っていると足をすくわれる」「こんな運が続くわけがない」などと注意深くなったほうがいい。調子はいいときも悪いときも波のようにやってくるので、できるだけ平常心で進みたいものです。

「求めすぎない」「怒らない」「愚痴らない」で、今をご機嫌にすごしましょう

――過去や未来にとらわれることで、三毒は湧いてきやすくなります

私たちの心を苦しめているのは、仏教で言う三毒「貪瞋痴《とんじんち》」だと前にも書きました。イライラ、クヨクヨ、モヤモヤするのも、この三毒が関係しています。

人間関係のストレスの正体を確かめるために、今一度、三毒について考えてみましょう。

まず、「貪」とは、貪ること、求めすぎること。食欲、金銭欲、物欲、名誉欲、承認欲などの欲が強すぎるために、苦しむことです。人間関係では「認めてほしい」「愛してほしい」「相手に勝ちたい」「優位でありたい」などの欲求が強すぎると、満たされていない状態に。自己肯定感が低く、攻撃したり、しがみついたりすることも。

「瞋」とは、怒ること。「自分が正しい」「相手が悪い」という思いから、激しく怒ったり、妬んだり、憎んだりすることです。イライラをぶつけることで敵をつくったり、

恨まれたり。トラブルが起こりやすく、周囲を不快にさせることもあります。

「痴」とは、愚かさゆえに愚痴ること。先入観や思い込みによって、ものごとの本質が見えず、何かのせいにして自分で問題を解決できません。振り回されることも多く、反対に自己弁護や自己利益に走って、自分でまわりを振り回すこともあります。

三毒「貪・瞋・痴」は影響し合っていて、振り回してくる人にうまく対処できないのも三毒が要因になっています。たとえば、同僚から嫌味を言われたときは……

「私は仲良くしたいのに」「攻撃してくるから逆ギレ」「あの人の性格が悪いからだ」と平行線のまま、たがいに傷つけ合うことになります。振り回されない人は「別に仲良くしなくてもいいし」「嫌味を言われても穏やかに」「適当にかわしてスルーすればいい」と、大人の対応ができるのです。

人間であれば、煩悩である三毒は湧いてくるもの。大事なのは、イラッとしたり、モヤモヤしたときに「あ、毒がまわりそう」と気づいて早めに対処することです。

過去や未来にとらわれることで、三毒は湧いてきやすくなります。

「求めすぎない」「怒らない」「愚痴らない」で、今をご機嫌にすごしましょう。

今に集中することが、煩悩《ぼんのう》から身を守り、命を輝かせることになるのです。

〝嫌悪感〟を減らして〝愛〟を増やしていきましょう

——だれかの幸せを祈っているとき、心からネガティブな感情や思考がなくなります

これまで「振り回してくる人」にどう対処していくか?についてを書いてきましたが、そろそろ気づいた人もいるのではないでしょうか。

「もしかしたら、自分も人を振り回すことがあるのではないか」と。

でも、心配しすぎないでください。「迷惑をかけてはいけない」「嫌われてはいけない」「嫌な気持ちにしてはいけない」と気にしすぎると、相手との壁ができて、さらにこじれてきますから。

私たちが「今、なすべきこと」は、自分の心を三毒「貪・瞋・痴」で汚さずに、ご機嫌に過ごすことです。

相手に対して、できるだけ嫌悪感や敵意など悪感情をもたず、だれに対しても同じように、礼儀を守る、傷つけない、押しつけないなど、あたりまえだと思われること

をあたりまえにすれば、それほど悪いことにはならないでしょう。

反対に、「あの人、嫌い」などと思ったら、あたりまえのあいさつもできず、目を合わせないなど、失礼な態度に出てしまうので"三毒"をばらまいてしまうのです。

もうひとつ、私が悪感情をもたないために日ごろ思っていることは、「みんな、精いっぱい生きている」というもの。偽善者のようですが、そう思いたいのです。

攻撃してくる人も、振り回す人も、ズルい人も、怠慢な人も、その人なりの精いっぱい。そうならざるをえない事情があると思えば、わだかまりも消えていくのです。

そして「生きとし生けるものが、すべて幸せであってほしい」とも思います。

そう考えると、公園にいる赤ちゃんと一緒のお母さんにも声をかけたくなるし、お年寄りに電車の席を譲りたくなるし、戦争や貧困のニュースも気になります。

悲しいニュースには心が痛みますが、だれかの幸せを祈っているとき、自分の心からネガティブな感情や思考がなくなり、救われるような気がするのです。

「愛が欲しい」と求めてばかりでは心のなかの愛は増えず、自分が「愛したい」という気持ちでいれば、心には愛があふれてきます。「自分さえよければいい」では幸せになれない。人の幸せを心から喜べる自分であれば、幸せは何倍にもなるのです。

第5章

自分軸があれば振り回されない

自分軸を獲得すると、振り回されない私になる

――「自分はこうする」と決めれば、振り回されません

ここまで、「振り回されない人」になるための、人とのつき合い方や、自分の感情の整理の仕方についてお伝えしてきました。第5章では、その最終段階「自分軸をもつこと」の大切さ、その方法についてご紹介したいと思います。

この本のなかでも「自分軸がある」ということを、「自分をもっている」「自分の価値観がある」など、あちこちに書いてきたので、何となくイメージできるのではないでしょうか。

あなたのまわりにも、そんな自分軸があって、振り回されない人がいるはずです。

たとえば、自分の生き方や、ライフスタイルをもっている人、自分の意見がしっかり言える人、粘り強く目標を叶えていく人、つねに前を向いている人、何かのせいにせず不満を言わない人、孤独でも気にしない人など、さまざまなタイプがいるでしょ

う。

「私もあんな強くてブレない人になりたいけど、私は意志が弱いからなぁ……」と思っている人もいるかもしれません。

しかし、自分軸があるというのは、「強い・弱い」ということではなく「自分はこうすると〝決めている〟」ということではないかと思うのです。

「今度の日曜日はどうしてもこれをする！」と決めたら、人の言うことや、何かの誘惑や、多少の困難に振り回されず、突き進むでしょう。

日々の生活でも「私はこうする」「いちばん○○が大事」「こんな人でありたい」など、目指す方向が決まっていれば、他人からのネガティブな影響は受けにくいもの。自分の方向性に合った人や情報が集まってきて、いい影響を受けながら進んでいきます。とくに「自分にとって大切なこと」がわかっている人は振り回されません。

不思議なもので「自分軸をもっている人」のまわりには、振り回す人はいなくなり、振り回す要素をもっている相手でも、たがいに尊重をし合える関係になります。

無意識でも意識的にでも自分軸をもつことは、振り回されずに、満足感、納得感のある生き方をすることになるのです。

自分軸をもつとは、相手のことは相手にゆだねることです

――「人は人、自分は自分」の人は信頼できて、つき合いもラクです

もう少し、自分軸をもっている人の人間関係について考えてみましょう。

自分軸のある人は、基本的に「人は人、自分は自分」と思っているので、相手の反応は相手にゆだねられる。むやみに反応せず、自分のものごとに集中できます。

私が「自分軸がある」と感じる友人たちのなかで、最初に浮かんだのは、都会から遠く離れた田舎に移住して、料理教室をしているKさん。

彼女は周囲の反対を押し切って結婚し、夫の実家の隣に家を建てました。「地域にとけこんで、なおかつ自分たちらしくありたい」と家のイメージを描き、地元の工務店に設計施工を依頼。当初、夫の親戚は「不思議な家だねぇ」と眉をひそめていたものの、雑誌などで称賛されるほどすてきな家になり、今は喜んでいるとか。

彼女は、結婚も移住も家づくりも、地方での料理教室も、まわりの雑音を一応、聞

くけれど気に留めない。自分で決めたことは揺るがないのです。といっても「自分の信念を貫きますから！」といった頑《かたく》なさはありません。

いつも笑顔で穏やかで自然体。自分を通すだけでなく、まわりの都合にも柔軟に合わせているから、思いを叶えていけるのでしょう。

「最初は心ないことを言われたときもあったけど、よそ者を警戒する気持ちもわからなくないわ」という彼女は、まわりをよく観察していて、不安をとり除《のぞ》いてあげる言葉をかけたり、地域の活動にも尽力したり。だんだんまわりに彼女のファンが増えて、それが強力なサポーターになっていったのです。

彼女はいつも他人の考えを尊重するし、自分の考えも大事にする。自分の大切なものをよくわかっているので、感情的になって相手のペースに巻きこまれることがなく、状況を見て建設的に対処していけるのです。

「人は人、自分は自分」の人は、友人としてつき合っていてもラク。裏表がなく、気を遣わずにたがいに意見を言ったり、気軽に誘ったり断ったりできます。

自分軸があるということだけで、信頼に値すると思うのです。

とりあえず自分の優先順位を決めておきましょう

――「人の目」と「比較」に振り回される〝他人軸〟の人生とは決別しましょう

「自分軸をもちたいが、自分がどうしたいかわからない」という人もいるのではないでしょうか。

それはそう。〝自分軸〟は突然、「はい、決めました！」というものではなく、これまでの経験、まわりの環境、人間関係なども影響して、自然にできていくものです。

無理に方向性を決めたり、焦って「自分探し」をしてもうまくいかないでしょう。

〝自分軸〟とは、「正直であること」だとも思うのです。「自分がどうしたいか、どうありたいのか」を基準に行動することです。

正直でなくなるのは、たいてい、「人の目」と「比較」に惑わされてしまうから。

自分の考えよりも、他人の考えや基準を優先する〝他人軸〟になってしまうのです。

たとえば「質素でも自分らしく生きたい」と思っていても、つい見栄を張って高いものを買ったり、世の中の平均年収に落ちこんだり、安心したり。

「人の目」や「比較」を気にするのは、認められたい気持ちによるものですが、よく考えると非合理。「人がどう思うか」は確かめようがなく、「人との比較」は年齢、収入、結婚など端的には比較できても、総合的に測る基準はなく不毛な競争なのです。

かくいう私も二十代三十代のころは、人と比べて落ちこんでばかりいました。不甲斐《ふがい》ない自分に満足も納得もできていなかった。「人は自分のことなど気にしていないから、自分がどこまでいけるか挑戦してみよう」と自分への挑戦や、自分の満足、納得に舵《かじ》を切ってから、さまざまな歯車が噛み合ってきたように思います。

「ほんとうのところ、どうしたい？」と自分に問い続け、「これはワクワクする」「これは嫌だ」といった〝感覚〟を大事にするうちに、自然に自分の道ができてくるもの。

自分軸をもつことは、ほかを捨てることでもあります。

ひとつの方法として「今年の優先順位」を3つまで決めてはいかがでしょう。仕事、健康、学び、家族、婚活、趣味、遊びなど、何に時間を使うか決めるのです。「今日の優先順位」「仕事の優先順位」など細かく分けると、さらに「今、すること」が明確に。

大切なことを決めると、どうでもいいことを手放せるようになるのです。

どんなに振り回す相手でも、自分の問題として対応できます

――「手強《てごわ》い相手をなんとか乗り切った！」が、私たちに勇気と自信を与えてくれます

有名野球選手がインタビューで「国際試合だといろんなピッチャーがいますね。どう対応されますか？」と聞かれて、こんなことを言っていました。

「どんな投手がどんな球を投げてきても、いい球がきたら思いっきり打つだけです」

打てなかったら、それを課題にして、どうしたらうまく対処できるのか修正することのくり返し。自分の持ち味や実力をわかっておくことも大事なのだとか。

まるで哲学書を読んだように感動したと同時に、「人間関係」もそうなのではないかと思ったのです。

私たちは「相手がどんな人で、どんなふうに接してくるか」で右往左往しがちですが、「自分がどんなふうに対処するか」に意識を向けることが大事。うまく対処できなければ、「こういう攻撃は苦手かも」「どうすればいいのか？」と課題として修正し

ていけばいいのです。

そう考えると、振り回してくる手強い相手ほど、自分を試され、成長させてくれる存在といえます。甘い球ばかり投げてくる相手では心地はいいものの、それだけでは、いざ面倒な相手がきたときに通用しないでしょう。

「手強い相手をなんとか乗り切った！」という経験が、私たちに勇気と自信を与えてくれます。また、人間関係も、打席に立つように、そのときそのときが勝負。「対面したときにどうするか」だけで、泣いても笑っても引きずらないことが大事です。家に帰って「何であの人はあんな態度なのか？」と考えても意味はありません。

結局のところ、人間関係は自分との勝負。心のあり方と対応技術（スキル）の問題です。どんな人とつき合うかも含めて、どう対応するかは〝スキル〟なのです。自分が成長していくことで、自然にまわりにいる人の質や対応も変わってくるはずです。

人間関係の良し悪しがすべて自分の責任ではありませんが、自分を成長させることで解決方法を見つけることができるのです。

すべては自分の問題で、そのとき、そのときで対処していけばいいと思えば、むやみに相手を怖がって振り回されたり、落ちこんだりすることもないのです。

遠い目標と近い目標をもつことで、振り回されにくい体質になります

――自分の行きたい場所、行きたい世界を決めると心が前を向き、安定します

振り回されたり、思い悩んだりする条件のひとつとして、〝ヒマ〟であることを、この本でも書いてきました。極端な話をすると、生きていくことに必死なとき、やりたいことを夢中でやっているときは、面倒な人がからんできても「忙しくて、いちいちかまっている場合じゃないので失礼！」となるのです。

人生の大切な時間を、振り回されて浪費しないために、「〝遠い目標〟と〝近い目標〟を心にもっておくこと」をおすすめします。

遠い先の目標は「いつかこうなる」という漠然としたイメージ。ワクワクするような大それたものでもOKです。近い目標は、「今年叶えたい10のこと」「今週のToDoリスト」など具体的に。「普通にやれば楽勝」程度のハードルの低いものにすることがポイント。たとえるなら、「いつかあの高い山頂からの景色を眺めよう」と目指

しつつ、「とりあえず麓《ふもと》の村に行ってみよう」と少しずつ進んでいくように。

「目標がなくても毎日を一所懸命に生きればいい」という考えも一理ありますが、どこに向かっているかわからなければ、せっかくのがんばりでも迷走してしまう。何となくでも目的地をイメージしておけば、横やりが入っても惑わされずに済みます。

二つ目のポイントは、いつまでに、どんなふうにして最終目的地まで行くのか「今はわからなくてもいい」ということ。いつかひょっこり道筋が見えてきます。

遠い目的地から目を離さないでいると、チャンネルに周波数が合うように、欲しい情報が飛び込んできたり、「これやってみる？」とチャンスが舞い込んできたり、応援してくれる人が現れたりして、「いつの間にか叶っていた」となりますから。

最後のポイントは、目標を達成しようと努めるが、結果的に達成できなくてもよしとすること。たとえば「今年の目標を6割しか達成できなかった」でもいいではありませんか。6割でじゅうぶん。目標がなかったら1割のこともできていないでしょう。

何のための目標かというと、いちばんは「夢中で生きる〝今〟をつくる」ため。未来は〝今〟の積み重ねなのですから、何かしら得ているものがあるはず。

目標をもつことはまわりに流されず、自分らしく進むための心の軸になるのです。

「人の喜び」が「自分の喜び」になる活動が、ブレない〝自分軸〟をつくります

――「何のためにやっているのか」目的があれば、たくましくなれます

よけいなことに振り回されず、前を向いて進んでいくために、「どこに向かっているのか」という目標も大切ですが、同時に「何のためにやっているのか」と、その意義について目を向けることで、小さな一歩が意味をもつようになります。

同じ仕事をしていても目的はさまざま。「ほかに仕事がないから」「生活費を稼ぐため」「スキルを身につけて独立したいから」「困っている人の力になりたいから」など。たいていはひとつではなく、いくつかの目的が重なっているもの。仕事をする目的が明確で、力が湧いてくるような強い欲求であるほど、へこたれにくいはずです。

なかでも自分だけのためより、「だれかの笑顔のために」「みんなの役に立つために」など、人のために力を尽くそうとする人のほうが、エネルギーに満ちていてとり組み方が誠実。結果も出やすく、どんどん成長もしていきます。

「自分だけの喜び」は、よっぽど好きなことでなければ継続もしません。

「あの人が喜んでくれる」「だれかの力になれている」と想像するから、自然に心と体が動いて続けていける。つまり、「人のため」はラクに力が出るのです。

たとえば、料理も自分だけのために作るなら、適当になりがち。だれかがおいしそうに食べるのを想像すると、張り切って作るはずです。

ただ、「自分のためだけ」も、「人のためだけ」もしんどくなるもの。「人の喜び」が「自分の喜び」になるような活動がいちばんブレない〝自分軸〟になっていきます。

私が本を書いているいちばんの目的も、きれいごとではなく「読者の一人応援団になりたい」という気持ち。それはデビュー当時から変わっていません。

別な方向に流されそうになったり、道に迷ったり、弱気になったりしたときも、初心に戻って「私はこのためにやっている」と思い返すことで、前を向いて歩いてこられたのです。自分だけのためなら、とっくに挫折していたでしょう。

働く目的、生きる目的は、無理につくるものでもありませんが、あったほうが雑念にとらわれにくく〝自分軸〟となって支えてくれます。

目的をもつのは、「これでいいのだ」と自分を納得させて進むためでもあるのです。

「最初からうまくいかないのはあたりまえ」を前提に進みましょう

――「仮説」⇓「実験」⇓「修正」をくり返すうちに、うまくいくようになります

「失敗すること」を怖がりすぎる人は、まわりに振り回されてばかりで傷つきやすく、自分の内面が育ちにくいのではないかと思います。

たとえば、恋愛においても、失敗するのが怖いからか、まわりの「その人はやめておいたら？」なんていう声やネット情報のほうを信じてしまう。一度の失恋でひどく落ちこんで、何年も引きずってしまう人もいます。

失敗を恐れる人は、プライドが高いのかもしれません。「うまくいくのはあたりまえ」「私は失敗するはずがない」という前提でいるのですから。まわりの目も気になって一歩を踏み出せなかったり、立ち直れなかったりするでしょう。

「つらいけど、失敗するのもしょうがない」と渋々でも認めたら、さほどダメージを受けず、次に進んでいけるのです。

そんなふうに、トライ&エラーをくり返すうちに、自分に合う人をみつけたり、人を見る目を養ったり、恋愛の仕方を学んだりしていきます。

ほかにも仕事のやり方、暮らし方、生き方、健康づくり、趣味など、難しく考えず、「ちょっと試してみよう」くらいの感覚で一歩を踏み出してみてはどうでしょう。

私たちが人生でやっていることは、すべて「実験」と考えることもできます。

無意識に「こうなるだろう」と思ったことをやっていて、うまくいかなかったら修正を加えることのくり返し。「仮説」⇓「実験」⇓「修正」を何度もくり返しているうちに、だんだんうまくいくようになってきます。

「いちばん成功した人は、いちばん失敗をしてきた人」と聞くことがありますが、たくましく進んでいく人は、失敗とすら思っていないでしょう。挫折、失業、離婚、事故、病気……一見、ネガティブなこともすべてプロセスの一部ととらえているのです。

人間関係も試行錯誤してみなければ、身につきません。

「うまくいくのがあたりまえ」ではなく、「最初からうまくいかないのはあたりまえ」を前提に、あまり深刻にならないほうがいい。そこで終わりではなく、1秒後には、また次の選択ができるのですから。

終わりを意識すると、自分軸はギュッと濃厚なものになります

――「今しかできないこと」をたくさん楽しみましょう

余命が一年だと宣告された友人が、「死ぬまでにしたいこと」を話してくれたことがありました。最初は何も考えられないほどの衝撃だったでしょうが、「一年はあるのだ」と受け入れてしまうと前向きになり、その過ごし方について考えるようになったのです。

その結果、彼女が思い描いたイメージに近い日々が送れたのではないかと思います。できる範囲でやりたいことを楽しむ。食べる、寝る、散歩する、花を飾るなどの日常を喜び、楽しむ。苦手な人と会うと、ものすごく疲れるので、ほんとうに会いたい人とだけ会う。わだかまりのあった人と和解し、感謝したい人にお礼を伝える……。最期まで愚痴や不満を言うことはなく笑顔だったので、まわりにいる人も笑顔で過ごせた日々でした。

彼女と過ごした一年半は、私自身も「どう生きたいか」を考える機会でした。「人生にはかぎりがある」と考えると、自分に向き合わざるを得なくなります。まわりへの不満なんてほんとうにどうでもよくなり、自分というものが際立ってきます。

私たちは、今が永遠に続くような感覚で毎日を生きていますが、どんなことにも「終わりがある」と意識する人は、ものごとのとらえ方が以前とは変わり、怒り、悲しみ、苦しみ、喜び、楽しみなどの感情も変わってきます。

「毎日がつまらない」と空虚な心のまま、適当に過ごしてしまうから、まわりに流されたり、振り回されたり、雑音を気にしたりしてしまうのです。

反対に「子育てを楽しめるのは今だけ」「勉強をがんばれるのは試験が終わるまで」「この仕事ができるのもあと数年」「親孝行をするなら今」など、終わりを意識している人は、今しかできないことをやろう、せっかくだから充実させようとするのです。

つらい状況にあっても、絶望しながら今を過ごすのと、今日一日に感謝して「今は通過点」「今だからできることがある」と考えて過ごすのは、心の軽さがちがいます。

平凡な一日も、つらい一日も、見方を変えると特別な尊い一日になります。「かぎりがある」から人生は美しく輝き、感謝と喜びと救いがあるのです。

孤独を覚悟すると、振り回されていた人間関係から解放されます

――孤独のなかで湧きあがってくるパワーが、ほんとうの力量です

「孤独でもいい」

そう覚悟したときに、振り回されていた人間関係や、世間の呪縛から解放されるのではないかと思うのです。

ここでいう孤独とは、物理的な〝ひとりぼっち〟ではなく、家族や恋人、友人がいても感じる〝心の孤独〟のこと。さびしさ、孤独感を味わいたくないから、人からの誘いや依頼に「NO」が言えなかったり、同調圧力に振り回されたり、見捨てられるのが不安でしがみついたりするのです。

私もずいぶん長いあいだ、そんな呪縛を解かれずにいました。人の顔色をうかがったり、我慢したりすることが習慣になっていて、振り回されていることにも気づかなかった。みんながやることをやって安心し、生き方さえも世間の王道のレールに乗ろ

うと必死で、自分が「どうしたいのか」に意識が向いていなかったのです。

今は基本、「一人旅」をしている感覚なので、人と価値観がちがうのも、意見が合わないのもあたりまえ。わかり合えなくても当然だと思っているので、「何でわかってくれないのか」と強い不満で押しつぶされることもなくなりました。

「孤独でもいい」「むしろ、孤独がいい」と孤独を受け入れると、正直でいられます。自分の外側の声ではなく、まずは自分の心の声に耳をすますと、自分が何に対してワクワクして、何が嫌なのかを、感情を使って訴えていることがわかります。そんな内側から湧きあがってくるパワーが、ほんとうの力量ではないかと思うのです。

自分に正直であろうとするなら、最初はさびしさや不安があります。自分を貫く勇気が必要なときもあるし、だれの責任にもできないから、一人で傷を負うこともあります。が、じきに慣れて、だんだん気楽さが上回ってきます。それらを含めて孤独を覚悟することなのです。

半面、孤独だからこそ、「一人旅」のように自分で考えて動くことで、多くの人が力になってくれたり、自分のペースで進んだり、成長できたりします。

「孤独」を意識すると、振り回されないだけでなく幸福や成長ももたらされるのです。

「こうなりたい」という〝お手本〟は自分軸を明確にしてくれます

――他人の思考で考えることで、自分の無意識の行動パターンから抜け出せます

何歳になっても「こうでありたい」と刺激を与えてくれる人はいるものです。

たとえば、私の場合、心に響く小説を書く作家、社会貢献活動をしている女性僧侶、高齢者に寄り添った介護施設を運営する女性、七十代後半で世界を飛び回っている友人、ユーモアがあって彼女がいるだけで場が和む義妹……。会ったことはないけれど、いつも感動を与えてくれるスポーツ選手や、本のなかで会話する作家もいます。

もちろん、その人たちが自分の道の先にいるというわけではありません。

自分の道を行こうとするうえで、「もっと志を大きくもちなさいよ！」と叱咤激励してくれたり、「こんな考え方もあるよ」と合理的な思考を教えてくれたり、「人生って楽しいわよ」と夢と希望を与えてくれたり……と必要なときに、必要な言葉をくれる。さまざまな達人によって、自分だけの〝教科書〟がつくられていく感覚です。

考え方や行動の指針を与えてくれる人のことを〝メンター〟といいますが、直接アドバイスをくれなくても「あの人ならどうするだろう」と勝手に頭を借りるだけでおおいに効果があり。自分の無意識の思考・行動パターンから抜け出してアイデアが浮かんだり、一歩を踏み出せたり、自分の決断に確信をもてたりします。

メンターをもつことは「自分は何をしたいのか」「どうなりたいのか」という自分軸をさらに明確にしていくことでもあります。目指す場所がハッキリとイメージできれば、まわりに流されずに、自分の道を進めるでしょう。

また、表面的な行動や結果だけを見て「すごいなぁ」と思うだけでなく、「あんな結果を残す人は普段、どんな生活をしているのか」「あの熱量はどこから出てくるのか」などと考えることで、〝参考書〟にすることもできる。すると、自分ができること、できないことと照らし合わせて、自分なりの方法も見つけやすくなります。

相談できる人をもつことや、「いつかこうなりたい」という人に会いにいくこと。セミナーや講演会に参加すること、本を読むことなど、求めればさまざまなメンターを得ることはできます。素晴らしい講師陣による自分だけの〝教科書〟をつくることは、私たちの〝モチベーション〟であり、〝のびしろ〟でもあるのです。

自分軸をもっている人ほど、まわりを大切にしています

──「利他《りた》の精神」とは、自分より他人を優先することではありません

自分のやりたいことを追求する人たちは、自分のことばかり考えているようですが、そうではありません。自分を大切にする人ほど、まわりの人も大切にしているのです。

長いあいだ、第一線で活躍している仕事人や、タレント、スポーツ選手なども、礼儀正しく、まわりへの気配りを忘れません。自分一人の力はたかが知れていて、才能があるだけで活躍できるわけではないと理解しているからでしょう。

あるタレントさんがこんなことを言っていました。

「デビュー当時からADさんなどスタッフの名前は覚えてお礼のカードを送るようにしていた。すると、何かしら声をかけてもらって成長できた。十年も経てばADだった人も偉くなって、さらに大きなチャンスをいただけて感謝しかない……」

一方、若くして人気が出て「自分はすごい」と勘違いした人は、努力もせず、スタッ

フにも横柄に接するので、必然的に仕事はなくなっていくのだとか。

また、どんな仕事でも、まわりの期待に応えるためだけにがんばりすぎて、気持ちも体もついていかず、自滅していく人もいます。

「利他」の精神とは、まず他人を利する、つまり相手の立場で考えて幸せを与えることが大事といわれますが、他人だけを優先することではありません。

もともと仏教用語では「自利利他《じりりた》」という教えでした。

「自利」とは、自分が利益を得るという自分と他人の損得の意味ではなく、今生でのほんとうの利、つまり、人として精進、成長するという意味があります。

仕事においても自分が仕事力、人間力など、身につけて信頼される人間にならなければ、人に利益を与えることもできないでしょう。人間関係も、未熟なままでは傷つけ合うだけ。振り回されない、自分も振り回さない成熟した人間性を目指してこそ、相手を幸せにできる。たがいに心地よく、成長し合える関係が生まれるわけです。

ちなみに「我利我利《がりがり》」とは、自分さえよければいいという考え方です。

「自利」「利他」がともにあるのが理想の形。自分が人として成長すること。思いやりをもって人を大切にすることが、もっともシンプルで基本的な愛の形なのです。

現実に抗《あらが》わず、心のなかのハンドルは自分で握りましょう

――私たちの心のなかは、だれにも支配されない領域です

ここまで、振り回されない心をもつための対処法を、さまざまな角度からお伝えしてきました。

あなたがピン！ときたものから、実践に役立ててもらえたら幸いです。

私たちの日常には、振り回す人、面倒な人など、さまざまな人が現れます。

想定外のびっくりするような出来事、不幸せな出来事もあるでしょう。

しかし、私たちができるのは、それらを「変えること」ではありません。

「抗うこと」でも「闘うこと」でもありません。

それらを自分を傷つけるだけのものとしてとらえず、苦しみを増やさずに、その都度、現実に寄り添って「自分はどうあればいいのか」と対処していくしかありません。

どんな状況にあっても、私たちの心のなかは、だれにも支配されない領域です。

つねに自由であり、どう感じるか、どう考えるか、どう動くかも自分で決められる。心のハンドルは自分で握って、行きたい方向に行けるのです。

他人にハンドルを預けてしまったら、振り回されてたいへん。恐怖や不安や憎しみなどで暴走して、とんでもないところに連れていかれるでしょう。

結局のところ、心のあり方がすべて。雨が降ろうと、風が吹こうと、険しい山道を行こうとも、「大丈夫。何とかなる！」と対処していこうではありませんか。

そのあとには、すばらしい景色が見えることを期待して。

それから、振り回されないため、自分軸をもつために、強い心であろうとがんばる必要はありません。

強すぎる芯は、まわりも自分も振り回し、ボキッと折れることになりますから。

それより、明るく、優しく、しなやかな心でありましょう。

どんな現実がやってきても、過去を悔いず、未来を憂《うれ》えず、一瞬一瞬に寄り添って、愛のある選択をしていきましょう。

そう、「振り回されない女」になることは、知性と愛を備えた女になることなのです。

著者プロフィル

有川真由美（ありかわ・まゆみ）

作家、写真家。鹿児島県姶良市出身。台湾国立高雄第一科技大学応用日本語学科修士課程修了。化粧品会社事務、塾講師、衣料品店店長、着物着付け講師、ブライダルコーディネーター、カメラマン、フリー情報誌編集者など、多くの職業経験を生かして、働く女性のアドバイザー的存在として書籍や雑誌などで執筆。旅エッセイも手がける。内閣官房すべての女性が輝く社会づくり推進室「暮しの質」向上検討会委員（2014—2015）。日本ペンクラブ会員。著書に『一緒にいると楽しい人、疲れる人』（ＰＨＰ研究所）、『運がいい人の「話し方」、運が悪い人の「しゃべり方」』（廣済堂出版）、『「気にしない」女はすべてうまくいく』『みるみる幸運体質になる！　「自分ほめ」』、『こころがフワッとする言葉　オールカラー版』（以上、秀和システム）など、多数ある。

カバーデザイン：田村 梓（ten-bin）

「振《ふ》り回《まわ》されない」女《ひと》は
人生《じんせい》をとことん楽《たの》しめる

発行日　2023年　5月25日　第1版第1刷

著　者　有川《ありかわ》　真由美《まゆみ》

発行者　斉藤　和邦
発行所　株式会社　秀和システム
〒135-0016
東京都江東区東陽2-4-2　新宮ビル2F
Tel 03-6264-3105（販売）Fax 03-6264-3094
印刷所　日経印刷株式会社　Printed in Japan

ISBN978-4-7980-6985-2 C0030

定価はカバーに表示してあります。

乱丁本・落丁本はお取りかえいたします。

本書に関するご質問については、ご質問の内容と住所、氏名、電話番号を明記のうえ、当社編集部宛FAXまたは書面にてお送りください。お電話によるご質問は受け付けておりませんのであらかじめご了承ください。